W0317738

FREUDE BEREITEN

Ihr seid auf der Suche nach weiteren Geschenkideen zum Selbermachen? Dann haben wir einen Vorschlag für euch: Holt euch unser neues Buch „Einfach selbst gemixt! Geschenke aus dem Thermomix®" (29,90 Euro). Dieses und weitere Bücher von **mein ZauberTopf** findet ihr hier: www.shop.zaubertopf.de

GESCHENKE ENTSPANNT BESTELLEN

Für alle Thermomix® Nutzer genau wie für alle Hobbyköche und -bäcker haben wir hochwertige Küchenhelfer bei uns im Shop. Ganz neu und für wirklich jeden Genießer passend: Unsere neu aufgelegten Gewürzmischungen „ZauberPrise" in praktischen 200-g-Dosen! Mehr Highlights wie Zitruspressen und Auflaufformen für den Thermomix® findet ihr ab Seite 74!

LIEBE LESERIN, LIEBER LESER,

unsere glänzenden Glitzerbuchstaben auf dem Cover haben sicherlich schon verraten, welche Stimmung euch in dieser Spezial-Ausgabe von **mein ZauberTopf** erwartet: Es wird wunderbar weihnachtlich!

Dank Thermomix® verwandelt sich die Küche im Handumdrehen in eine Geschenke-Backstube. Zu Beginn der festlichen Jahreszeit bereiten wir schon mal lang haltbare Leckereien zu: Liköre mit Stollen-, Spekulatius- und Glühweinaroma (ab Seite 66) sowie Frucht- und Nuss-Aufstriche (ab Seite 134) eignen sich, um gleich für mehrere liebe Menschen leckere Gaben vorzubereiten. Eure Keksdosen könnt ihr mit den zahlreichen Plätzchen dieser Ausgabe geschwind befüllen. Dieses Jahr werden auch sogenannte No-bake-Plätzchen zubereitet – für diese braucht ihr tatsächlich nur den Thermomix®, der Ofen bleibt aus – und das große Knuspern kann umso schneller beginnen!

Das Team von **mein ZauberTopf** und ich wünschen euch eine schöne Weihnachtszeit. Viel Spaß beim Mixen, Schenken und Freudebereiten!

Herzlichst eure Vivien Koitka, Chefredakteurin

HINWEIS Bei Thermomix®, TM5® und Varoma® handelt es sich um eingetragene Marken von Vorwerk. Es bestehen keine geschäftlichen Beziehungen zu Vorwerk.

Fotos: Anna Gieseler (1); Archiv (1); PR (2) | Titelfotos: Ira Leoni (1); Anna Gieseler (1) | Illustrationen: gettyimages.de/ iStock / Nadydy (1)

INHALT

UNSERE THEMEN

STANDARDS

Basis REZEPT

WIE PRAKTISCH!
Alle **Grundrezepte** für euren **Thermomix®** erkennt ihr stets an diesem Hinweis!

Fotos: Annamaria Zinnau (1); Anna Gieseler (1); Désirée Peikert für Bosch (1); Annchristin Seitz für Bosch (1); Sophia Handschuh (1); Katharina Küllmer (1)

mein ZauberTopf REZEPTE DIESER AUSGABE

Diese Symbole haben wir zu allen Rezepten gesetzt. Sie zeigen, welche Ernährungskriterien ein Gericht erfüllt und helfen euch, Gerichte eurer Wahl zu individuellen Wochenplänen zu kombinieren.

VEGETARISCH · VEGAN · LAKTOSEFREI · GLUTENFREI · KALORIENARM · LOW CARB KOHLENHYDRATARM · LOW FAT FETTARM

UNSERE VERWENDETEN SYMBOLE IM ÜBERBLICK

MIXTOPF = | SANFTRÜHRSTUFE = | LINKSLAUF = | SPATEL = | TEIGMODUS =

Fotos: siehe Rezeptseiten | Illustrationen: Getty Images/DigitalVision Vectors/ -VICTOR- (1); Archiv (1)

Wie vom Weihnachtsmarkt

Warm und wunderbar wie frisch vom Lieblingsstand –
Mutzen, gebrannte Mandeln und Liebesäpfel
machen wir dieses Jahr ganz einfach selbst!

>**TIPP** Für noch mehr Aromenvielfalt könnt ihr nach Verrühren des Teiges ½ Apfel, geviertelt oder 50 g Marzipanrohmasse zugeben, **4 Sek. | Stufe 6** unterrühren.

Weihnachtswaffeln
Rezept auf Seite 16

Fotos: Anna Gieseler (1); Archiv (1) | Illustration: Archiv

>TIPP In den Hefeteig könnt ihr nach Belieben weitere Gewürze wie Zimt oder Weihnachtszucker (siehe Seite 65) einrieseln lassen. So erhalten die Sterne ein weihnachtliches Aroma.

Schmalzkuchensterne am Stiel

00 | 35 std : min

PRO STÜCK: 67 KCAL | 1 G E | 4 G F | 6 G KH
ZZGL. 55 MIN. RUHEZEIT
ZUTATEN FÜR 50 STÜCK

* 150 g Milch
* 50 g Butter, in Stücken
* 20 g frische Hefe
* 40 g Zucker
* 2 Prisen Salz
* 350 g Mehl Type 405, zzgl. etwas mehr zum Bearbeiten
* 1 Ei
* 10 g selbst gemachter Vanillezucker
* Sonnenblumenöl (etwa 1200 ml) zum Ausbacken
* etwas Puderzucker zum Bestäuben

1 | Milch, Butter, Hefe, Zucker sowie Salz in den Topf geben, **3 Min. | 37 °C | Stufe 2** erwärmen.

2 | Mehl, Ei sowie Vanillezucker zufügen und **2 Min. 30 Sek. |** Teigstufe zu einem geschmeidigen Teig verkneten. In eine Schüssel umfüllen und abgedeckt an einem warmen Ort mind. 45 Min., bzw. bis der Teig merklich gegangen ist, gehen lassen.

3 | Den Teig auf einer bemehlten Arbeitsfläche erneut durchkneten und mit einem Nudelholz zu einem 0,5 cm dicken Rechteck ausrollen.

4 | Den Teig nach Belieben in Quadrate oder Rauten schneiden oder mit Keksausstechern z. B. Sterne ausstechen. Die Teigstückchen erneut abgedeckt 10 Min. gehen lassen.

5 | Inzwischen das Fett in einer Fritteuse oder einem Topf auf 180 °C erhitzen. Einen Holzlöffelstiel in das Fett halten. Sobald sich daran Bläschen bilden, ist die Temperatur erreicht.

6 | Die Teigstücke portionsweise von beiden Seiten goldbraun ausbacken, anschließend mit einem Schaumlöffel entnehmen und auf Küchenpapier gut abtropfen lassen.

7 | Die Schmalzkuchen mit Puderzucker bestäuben und noch warm servieren. Nach Wunsch die Küchlein mit Eisstielen oder Holzpieksern servieren.

>TIPP Besonders gut schmeckt warmes Pflaumenmus zu den Schmalzkuchen.

Fotos: Anna Gieseler (1); Archiv (1)

Fotos: Anna Gieseler (1); Archiv (1)

Liebesäpfel

00 45 std : min

LOW CARB · LOW FAT

PRO STÜCK: 344 KCAL | 0 G E | 0 G F | 85 G KH

ZUTATEN FÜR 6 STÜCK

- **6 rote Äpfel, klein**
- **115 g Glukosesirup**
- **450 g Zucker zzgl. etwas mehr zum Bestreuen**
- **60 g Kirschsaft**
- **½ TL rote Lebensmittelfarbe**

AUSSERDEM

- **6 dicke Holzspieße (z. B. Cake-Pop-Sticks)**

1 | Die Äpfel waschen, trocken tupfen und mit je einem dicken Holzspieß aufspießen und in den Kühlschrank geben.

2 | Danach Glukosesirup, Zucker, Kirschsaft sowie Lebensmittelfarbe in den Mixtopf geben und **35 Min. | Varoma® | Stufe 2** kochen.

3 | Ein Bogen Backpapier mit Zucker bestreuen und beiseitelegen. Die Äpfel aus dem Kühlschrank nehmen, erneut trocken tupfen und jeweils am Stiel solange in der Zuckerlösung drehen, bis die Äpfel vollständig überzogen sind. Arbeitet dabei vorsichtig, der Zucker ist extrem heiß!

4 | Die Liebesäpfel auf das Backpapier geben, abkühlen lassen und am besten sofort bzw. noch am selben Tag verzehren.

> **TIPP** Für die einfachere Reinigung nach dem Karamellisieren 1000 g Wasser und 20 g Essig **8 Min. | 80 °C | Stufe 4** im Mixtopf erhitzen. Danach wie gewohnt spülen.

Quark-Mutzen
Rezept auf Seite 16

Fotos: Anna Gieseler (1)

Weihnachtswaffeln mit Zimtsahne

00 25 std : min

PRO STÜCK: 501 KCAL | 10 G E | 29 G F | 49 G KH
ZUTATEN FÜR 8 STÜCK

- **120 g gebrannte Mandeln**
- **300 g Sahne**
- **1 TL Zimtpulver**
- **30 g selbst gemachter Vanillezucker**
- **100 g weiche Butter, in Stücken**
- **160 g Zucker**
- **4 Eier**
- **300 g Buttermilch**
- **450 g Mehl Type 405**
- **Abrieb und Saft von 1 unbehandelten Orange**
- **Mark von 1 Vanilleschote**
- **1 EL Kakaopulver**
- **2 TL Lebkuchen- oder Spekulatiusgewürz**
- **1 TL Backpulver**
- **1 Prise Salz**
- **etwas Sonnenblumenöl, zum Ausbacken**

1 Mandeln in den geben, **3 Sek. | Stufe 5** zerkleinern und umfüllen. Den auswischen. Den Rühraufsatz in den einsetzen und die Sahne ohne Zeiteinstellung unter Sichtkontakt **Stufe 3** steif schlagen. Kurz vor Ende Zimt und Vanillezucker zufügen. Den Rühraufsatz entfernen, die Sahne umfüllen und kalt stellen. Den ausspülen.

2 Butter mit Zucker in den geben und **2 Min. | Stufe 3,5** aufschlagen. Zwischendurch die Butter ggf. mithilfe des vom Rand des nach unten schieben. Weitere **2 Min. | Stufe 3,5** einstellen und die Eier durch die Deckelöffnung zufügen.

3 Die restlichen Zutaten, bis auf die Sahne und 3 EL gebrannte Mandeln, hinzugeben und **20 Sek. | Stufe 4** unterrühren. Ein belgisches Waffeleisen vorheizen und mit etwas Öl einfetten. Portionsweise die Waffeln ausbacken, mit Zimtsahne und übrigen Mandeln garniert servieren.

Quark-Mutzen

00 45 std : min

PRO PORTION: 747 KCAL | 20 G E | 25 G F | 110 G KH
ZUTATEN FÜR 4 PERSONEN

- **250 g Mehl Type 405**
- **1 Pck. Backpulver**
- **225 g Zucker**
- **20 g selbst gemachter Vanillezucker**
- **250 g Quark**
- **3 Eier**
- **Abrieb von ½ unbehandelten Zitrone**
- **reichlich Pflanzenfett zum Frittieren**

1 Mehl, Backpulver, Zucker und Vanillezucker in den geben, **15 Sek. | Stufe 4** vermischen. Quark, Eier sowie Zitronenabrieb zugeben und alles **1 Min. | Stufe 4** zu einem glatten Teig verrühren.

2 Fett in einer Fritteuse oder in einem hohen Topf auf 170 °C erhitzen. Mit 2 Teelöffeln Teig abstechen und in das heiße Fett geben. Rundherum goldbraun ausbacken. Mit einer Schöpfkelle herausnehmen, auf Küchenpapier abtropfen lassen. Mutzen nach Belieben in eine Tüte oder eine Schüssel geben, mit Puderzucker bestäuben und servieren. Für den Puderzucker 100 g Zucker in den geben und **20 Sek. | Stufe 10** pulverisieren.

Gebrannte Mandeln

00 30 std : min

PRO PORTION (40 G): 241 KCAL | 0 G E | 12 G F | 33 G KH
ZUTATEN FÜR 6 PORTIONEN

Backofen auf 150 °C Umluft vorheizen. 200 g Mandelkerne, 80 g Rohrzucker, 3 Prisen Zimtpulver, Mark von ¼ Vanilleschote und 10 g Butter in den geben und **6 Min. | Varoma® | |** erwärmen. 10 g Wasser zugeben und weitere **9 Min. | Varoma® | | Stufe 1** erhitzen. Die Mandeln auf ein mit Backpapier ausgelegtes Backblech. Nun ca. 10 Min. bei 150 °C Umluft im Backofen knusprig backen. Dabei unbedingt ein Auge auf die Mandeln haben, sie sind fertig, wenn sie Blasen werfen.

WIR LIEBEN DIE VORWEIHNACHTSZEIT!

Fernsehen mit Herz

Drei Sender. Ein Gefühl.

So einfach genießen Sie
Ihre 3 Lieblingssender
inklusive großer Mediathek.
Jederzeit und überall!

Jetzt sichern auf
fernsehen-mit-herz.de/bestellen

Jetzt im
App Store!

Erhältlich im App Store | JETZT BEI Google Play | VERFÜGBAR AUF fire tv | sky TICKET TV Stick

*Nach Ablauf des 1 Testmonats wandelt sich der Vertrag automatisch in einen Monatsvertrag um und wird automatisch um einen weiteren Monat verlängert, wenn Sie nicht 14 Tage vor Laufzeitende des 1 Testmonats Ihren Vertrag in Ihrem Konto per Klick oder schriftlich kündigen. Hierzu finden sie alle relevanten Informationen in unseren AGB. Ab dem 2. Monat zahlen Sie monatlich 4,86€. Verlängerung um je 1 Monat, wenn nicht 14 Tage vor Laufzeitende in Textform oder in Ihrem Konto gekündigt wurde.

So schön schokoladig!

FEINE LECKEREIEN ZUM VERLIEBEN

Seid ihr bereit für den 7. Schokoladenhimmel? Crunchy Cookies, Grieß-Flammeri und zarte Mousse lassen die Herzen aller Schokoholics höherschlagen

Foto: Marie-Therese Cramer (1) | Illustrationen: Archiv

Schoko-Mandel-Quadrate

01 00 std : min

PRO STÜCK: 170 KCAL | 2 G E | 10 G F | 16 G KH

ZUTATEN FÜR 42 STÜCK

- 160 g Mandelkerne
- 70 g Mehl Type 405
- 100 g Kakaopulver
- 330 g weiche Butter, in Stücken, zzgl. etwas mehr zum Einfetten
- 330 g Zucker
- ½ TL Zimtpulver
- 10 g selbst gemachter Vanillezucker
- 4 Eier
- 150 g Zartbitterschokolade, in Stücken
- 150 g Vollmilchschokolade, in Stücken
- 75 g Sahne
- 40 g weiße Schokolade

1 | Mandeln in den Mixtopf geben und **10 Sek. | Stufe 7** zerkleinern. Mehl und Kakao einwiegen und mit dem Spatel untermischen. Den Mandel-Mix in eine Schüssel umfüllen. Den Backofen auf 180 °C Ober-/Unterhitze vorheizen. Ein Backblech einfetten.

2 | Butter, Zucker, Zimt sowie Vanillezucker in den Mixtopf geben, **20 Sek. | Stufe 3** verrühren und mit dem Spatel nach unten schieben. Den Rühraufsatz einsetzen und **2 Min. | Stufe 2,5** cremig rühren. Dann ohne Messbecher **2 Min. | Stufe 2,5** rühren, dabei die Eier nach und nach alle 30 Sek. auf das laufende Messer zufügen.

3 | Messbecher wieder einsetzen, weitere **2 Min. | Stufe 2,5** rühren. Den Rühraufsatz entfernen.

4 | Mehl-Kakao-Mandel-Mischung zugeben und mithilfe des Spatels **30 Sek. | Stufe 3** untermischen. Mehlreste mit dem Spatel vollständig untermischen. Den Teig auf das vorbereitete Backblech streichen und auf der mittleren Schiene 25 Min. backen. Kuchen auf dem Backblech auf einem Gitter vollständig abkühlen lassen. Den Mixtopf spülen.

5 | Zartbitter- und Vollmilchschokolade in den Mixtopf geben, **8 Sek. | Stufe 6** zerkleinern und mit dem Spatel nach unten schieben. Sahne zufügen und **4 Min. | 60 °C | Stufe 2** erwärmen. Abgekühlten Kuchen in Würfel (4 cm) schneiden. Glasur in einen Einweg-Spritzbeutel füllen, vom Beutel eine kleine Spitze abschneiden und die Glasur im Zickzackmuster über die Würfel verteilen. Weiße Schokolade mit einem Sparschäler in Locken hobeln, darüberstreuen und trocknen lassen.

Weißes Schoko-Grieß-Flammeri

00 45 std : min

LOW CARB · LOW FAT

PRO PORTION: 533 KCAL | 10 G E | 24 G F | 71 G KH

ZZGL. 4 STD. RUHEZEIT

ZUTATEN FÜR 4 PERSONEN

- **100 g weiße Schokolade, in Stücken**
- **1 Blatt Gelatine**
- **250 g Milch**
- **60 g Weichweizengrieß**
- **1 Ei, getrennt**
- **1 Prise Salz**
- **10 g Zucker**
- **150 g Sahne**
- **60 g kandierter Ingwer**
- **20 g Zucker**
- **½ TL Zimtpulver**
- **350 g Sauerkirschnektar**
- **10 g Stärke**
- **275 g Zwetschgen (TK)**

1 | 50 g Schokolade in den geben, **5 Sek. | Stufe 7** zerkleinern und umfüllen. Gelatine in kaltem Wasser gemäß Packungsangabe einweichen.

2 | Milch mit Grieß in den geben, **3 Sek. | Stufe 4** verrühren und **6 Min. | 100 °C | | Stufe 2** aufkochen.

3 | Dann ohne Messbecher **20 Sek. | | Stufe 4** rühren, dabei nach und nach die zerkleinerte Schokolade, abgetropfte Gelatine und das Eigelb durch die Deckelöffnung auf das laufende Messer zufügen. Grießbrei in eine große Schüssel umfüllen und 10 Min. abkühlen lassen. spülen.

4 | Den Rühraufsatz einsetzen. Eiweiß mit Salz in den geben, den Messbecher einsetzen und Zucker in den Messbecher einwiegen.

5 | Eiweiß ohne Messbecher **2 Min. | Stufe 3,5** steif schlagen, dabei nach und nach den Zucker durch die Deckelöffnung einrieseln lassen. Den Rühraufsatz entfernen und das Eiweiß mit dem unter den Grießbrei heben. Den ausspülen.

6 | Rühraufsatz einsetzen. Sahne in den geben und ohne Zeiteinstellung **Stufe 3** bis zur gewünschten Festigkeit steif schlagen. Den Rühraufsatz entfernen und die Sahne unter den Grießbrei heben. Die Mischung in 4 kalt ausgespülte Förmchen oder Tassen füllen und mindestens 4 Std. abgedeckt kalt stellen.

7 | Kandierten Ingwer, Zucker sowie Zimt in den geben, **5 Sek. | Stufe 8** zerkleinern und mit dem nach unten schieben.

8 | Sauerkirschnektar mit Stärke zugeben und den Varoma® aufsetzen. Zwetschgen einwiegen, den Varoma® verschließen und **18 Min. | Varoma® | Stufe 2** garen. Zwetschgen in eine Schüssel geben, mit dem heißen Sauerkirschnektar übergießen und abkühlen lassen. Inzwischen mit einem Sparschäler die übrige weiße Schokolade in Löckchen schälen und kalt stellen.

9 | Grieß-Flammeri auf Dessertteller stürzen, mit Schoko-Löckchen bestreuen und mit dem Zwetschgenkompott servieren.

> **TIPP** Wer den Flammeri nicht stürzen möchte, kann ihn auch in eine große Schüssel füllen, darin kalt stellen und mit einem Esslöffel auf Desserttellern portionieren.

Schoko-Minz-Cookies

00 35 std : min

LOW CARB LOW FAT

PRO STÜCK: 116 KCAL | 1 G E | 7 G F | 11 G KH

ZUTATEN FÜR 35 STÜCK

- 200 g weiche Butter, in Stücken
- 50 g Zucker
- 50 g brauner Zucker
- 1 Prise Salz
- 200 g Mehl Type 405
- 1 TL Backpulver
- 30 g Kakaopulver
- 100 g Schokoladen-Minz-Täfelchen, in Stücken
- 50 g Zartbitterkuvertüre, in Stücken
- 100 g dunkle Kuchenglasur, in Stücken
- 1 EL bunte Zuckerstreusel

1 Backofen auf 180 °C Ober-/Unterhitze vorheizen. Zwei Backbleche mit Backpapier belegen.

2 Butter, Zucker, braunen Zucker sowie Salz in den geben und **2 Min. | Stufe 3** cremig rühren. Mehl, Backpulver, Kakao sowie Minz-Schokolade zufügen und **20 Sek. | Stufe 4** verrühren.

3 Vom Teig mit zwei Teelöffeln kleine Portionen abstechen und im großen Abstand auf die Bleche setzen. Bleche nacheinander jeweils 11 Min. backen. Danach die Cookies auf den Blechen vollständig abkühlen lassen.

4 Den spülen. Die Kuvertüre in den geben und **10 Sek. | Stufe 10** zerkleinern.

5 Kuchenglasur zufügen, **5 Sek. | Stufe 6** zerkleinern und mit dem nach unten schieben.

6 Dann **3 Min. | 50 °C | Stufe 1** schmelzen. Die Cookies vom Backpapier lösen, aber darauf liegen lassen. Schokoglasur mit einem Esslöffel streifig über die Cookies verteilen, mit Zuckerstreuseln verzieren und servieren.

>TIPP Wer den Geschmack von Minze nicht so mag, nimmt neutrale Schokotäfelchen.

>TIPP Auch eure Kinder können beim Zubereiten dieser Kekse behilflich sein: Lasst sie die Plätzchen portionieren, indem sie mit Teelöffeln oder einem Eisportionierer kleine Teighäufchen aufs Backblech setzen. Dies gilt auch für die Macadamia-Cookies auf Seite 23.

Fotos: Jorma Gottwald (1); Oliver Hauser Photography (1)

Mousse au Chocolat mit Banane

00 25 std : min

PRO PORTION: 597 KCAL | 11 G E | 46 G F | 38 G KH

ZZGL. 3 STD. RUHEZEIT

ZUTATEN FÜR 6 PERSONEN

- 50 g Erdnusskerne, geröstet und gesalzen
- 250 g Zartbitterschokolade, in Stücken
- 2 Eier
- 500 g Sahne
- 150 g Karamellsoße
- 40 g heißes Wasser
- 2 Bananen, in Scheiben

1 | Erdnüsse in den Mixtopf geben, **3 Sek. | Stufe 5** zerkleinern und umfüllen. Schokolade im Mixtopf **10 Sek. | Stufe 8** zerkleinern und mit dem Spatel nach unten schieben. Dann **3 Min. | 50 °C | Stufe 1** schmelzen und umfüllen.

2 | Den Rühraufsatz einsetzen. Die Eier in den Mixtopf geben und **4 Min. | 70 °C | Stufe 3** schaumig schlagen. Flüssige Schokolade zufügen und **5 Sek. | Stufe 3** unterrühren. Rühraufsatz entfernen, die Mischung in eine große Schüssel umfüllen und 10 Min. abkühlen lassen. Mixtopf und Rühraufsatz spülen.

3 | Den Rühraufsatz einsetzen. Sahne in den kalten Mixtopf geben und ohne Zeiteinstellung auf **Stufe 3** bis zur gewünschten Festigkeit steif schlagen. Den Rühraufsatz entfernen. Sahne in mehreren Portionen mit dem Spatel unter die Schoko-Ei-Mischung heben, anschließend in eine Servierschüssel füllen und mind. 3 Std. kalt stellen.

4 | Karamellsoße und heißes Wasser in einer Schüssel glatt rühren. Mousse mit zwei Esslöffeln zu Nocken abstechen, auf Dessertteller geben, mit Bananenscheiben und Karamellsoße anrichten, mit zerkleinerten Erdnüssen bestreuen und servieren.

> **VARIANTE** Statt mit Bananen schmeckt die Schoko-Mousse auch herrlich fruchtig mit frischen Mangospalten oder saftigen Orangenfilets.

Macadamia-Schoko-Cookies

00 30 std : min

LOW CARB LOW FAT

PRO STÜCK: 206 KCAL | 2 G E | 13 G F | 19 G KH

ZUTATEN FÜR 35 STÜCK

- 100 g Macadamianüsse, geröstet, gesalzen
- 200 g weiche Butter, in Stücken
- 50 g Zucker
- 50 g brauner Zucker
- 1 Prise Salz
- 230 g Mehl Type 405
- 1 TL Backpulver
- 100 g kandierter Ingwer, fein gehackt
- 100 g backfeste Schokotropfen

1 Den Backofen auf 180 °C Ober-/Unterhitze vorheizen. Zwei Bleche mit Backpapier belegen. Die Macadamianüsse in den Mixtopf geben, **10 Sek. | Stufe 4** zerkleinern und umfüllen.

2 Butter, Zucker, braunen Zucker sowie Salz in den Mixtopf geben und **2 Min. | Stufe 3** cremig rühren. Mehl, Backpulver, Ingwer, Schokotropfen und die zerkleinerten Macadamianüsse zufügen, **20 Sek. | Linkslauf | Stufe 4** verrühren.

3 Vom Teig mit zwei Teelöffeln kleine Portionen abstechen und in großem Abstand auf die Bleche setzen. Bleche nacheinander 11 Min. backen. Auf den Blechen abkühlen lassen und servieren.

>DOPPELDECKER-VARIANTE

Aus den Cookies könnt ihr wunderbar Doppeldecker-Kekse zaubern: Die Schokotröpfchen im Teig weglassen, dafür am Ende 100 g Zartbitterschokolade in Stücken in den Mixtopf geben, **6 Sek. | Stufe 8** zerkleinern und mit 20 g Sahne **4 Min. | 50 °C | Stufe 2** schmelzen. Die Creme zwischen zwei Kekse streichen und auskühlen lassen. Eine weitere Variante: Anstelle der Macadamianüsse Erdnuss- oder Mandelkerne verwenden.

Fotos: Jorma Gottwald (1); Oliver Hauser Photography (1)

RATGEBER

Kleine Schoko-Kunde

Mit unseren Tipps und Tricks wird die Verarbeitung von Schokolade und Kuvertüre zum Kinderspiel

IM GARKORB SCHMELZEN

500 g Wasser in den ◯ geben. 100 g Kuvertüre in einen Gefrierbeutel füllen, diesen fest verschließen. Garkorb einhängen und den Beutel hineinlegen. Die Kuvertüre **12 Min. | Varoma® | Stufe 1** schmelzen. Anschließend den Beutel ggf. mit einem Geschirrtuch herausnehmen. Eine Ecke der Tüte abschneiden, mit der geschmolzenen Kuvertüre Kekse, Kuchen, Torten oder Pralinen verzieren.

SCHOKOLADE ODER KUVERTÜRE?

Kuvertüre besteht wie Schokolade aus Kakaomasse, Kakaobutter und Zucker. Der Unterschied der beiden Produkte liegt im Fettgehalt: Kuvertüre enthält viel mehr Kakaobutter als Schokolade. Durch den höheren Fettgehalt ist Kuvertüre nach dem Schmelzen flüssiger und lässt sich besser als Glasur verarbeiten. Perfekt zum Backen und Garnieren! Kuvertüre muss gleichmäßig und langsam geschmolzen werden, damit der Guss schön glänzend wird. Wird sie zu warm oder zu schnell verarbeitet, erscheint der Schokoguss grau und trübe. Gut, dass ihr einen Thermomix® habt – er hält die Temperatur konstant und nichts brennt an!

Um 150 g Kuvertüre zu schmelzen, die Schokolade in Stücken im ◯ **8 Sek. | Stufe 7** zerkleinern, anschließend **4 Min. | 45 °C | Stufe 2** schmelzen.

FÜR DEN AROMA-KICK

Ihr könnt eure Leckereien aus Schokolade mit ein paar einfach Handgriffen aufpeppen. Versucht es doch nach Lust und Laune mit folgenden Zutaten:

In die Schokolade gerührt
Chili
Kaffee
Karamell
Kardamom
Tonkabohne
Vanille
Zimt

Als Topping
gefriergetrocknete Früchte
gehackte Nüsse
Hagelzucker
Kokosflocken
Krokant
Mini-Marshmallows
Zuckerperlen

IM NU ZERKLEINERT

200 g Schokolade, gefroren, in Stücken
4–5 Sek. | Stufe 6–7 zerkleinern.
200 g Kuvertüre in Stücken
8 Sek. | Stufe 7 zerkleinern.

HELL ODER DUNKEL?

Zartbitter-, Vollmilch- oder weiße Schokolade – worin liegt der Unterschied? Ganz klar: im Geschmack! Und der variiert je nach Anteil der Kakaomasse in der Schokolade. Je mehr Kakaomasse enthalten ist, desto herber ist sie. Bitterschokolade enthält etwa 40 % Zucker und 60 % Kakaomasse. In Milchschokolade stecken nur 15 % Kakaomasse, aber 50 % Zucker, weshalb sie so süß schmeckt. Für weiße Schokolade wird nicht die gesamte Kakaomasse verwendet, sondern nur die Kakaobutter. Enthalten muss sie mindestens 20 % davon.

KUVERTÜRE VERARBEITEN

1 200 g Kuvertüre, in Stücken, in den geben und **8 Sek. | Stufe 7** zerkleinern.

2 Etwa ⅓ der zerkleinerten Kuvertüre umfüllen. Die restlichen ⅔ in den geben und **3 Min. | 50 °C | Stufe 2** schmelzen.

3 Die restliche Kuvertüre hinzufügen und **2–3 Min. | Stufe 3** unterrühren, bis alles gleichmäßig geschmolzen ist. Anschließend wie gewünscht weiterverarbeiten.

> TIPP Habt ihr keine Kuvertüre zur Hand, könnt ihr auch herkömmliche Schokolade verwenden. Damit sie ebenfalls so schön cremig wird, rührt einfach einen Klecks Butter unter!

WAS TUN MIT ALL DEN SCHOKO-NIKOLÄUSEN?

Schokoladenfiguren wie Weihnachtsmänner werden gern verschenkt. Meist so viele, dass nicht alle gegegessen werden. Mit ihnen könnt ihr kreative Leckereien zaubern! Zum Beispiel **Schokocrossies**: Dafür die Weihnachtsmann-Reste in Stücken in den geben und **5 Min. | 55 °C | Stufe 2** schmelzen, danach gehackte Nüsse und Cornflakes zufügen und mithilfe des **10 Sek. | |** vermengen. Anschließend mit zwei Teelöffeln Häufchen der Masse auf ein mit Backpapier belegtes Blech setzen und auskühlen lassen. Dieses Rezept könnt ihr auch mit jeglichen anderen Schokoladenresten zubereiten.

Faustregel für das Crossie-Mischungs-Verhältnis: Für 300 g Schokolade benötigt ihr 100 g Cornflakes und 50 g Nüsse.

Auch für die heiße Zimtschokolade – siehe Rezept unter – braucht ihr einen Schoko-Weihnachtsmann!

HEISSE ZIMTSCHOKOLADE

00 | 10 std : min

LOW CARB LOW FAT

PRO PORTION: 387 KCAL | 11 G E | 22 G F | 37 G KH
ZUTATEN FÜR 4 PERSONEN

- **200 g Schoko-Weihnachtsmann, in Stücken**
- **800 g Milch**
- **1 ½ TL Zimtpulver**
- **4 Zimtstangen**

1 Schokolade in den geben, **5 Sek. | Stufe 7** zerkleinern. 1 EL gehackte Schokolade abnehmen und beiseitestellen. Den Rest im lassen.

2 Die Milch mit dem Zimtpulver zu der Schokolade in den geben und **8 Min. | 80 °C | Stufe 2** erhitzen.

3 Die heiße Zimtschokolade auf Tassen verteilen und mit jeweils 1 Zimtstange und der gehackten Schokolade garnieren und sofort servieren.

Fotos: Archiv (4); Getty Images/E+/portishead1 (1); Anna Gieseler (1); Shutterstock/Kati Finell (1) | Illustrationen: Getty Images/ portishead1 (1), bortonia (1), Barloc (1), Bezvershenko (1)

Heute bleibt der Ofen aus

Kekse ohne Backen – geht das? Aber klar! Hier kommen unsere fünf genialen No-bake-Kreationen, die ihr förmlich aus dem Mixtopf naschen könnt!

Rezepte: Vera Schubert | Fotos & Styling: Anna Gieseler

Puffreis-Pralinen
Rezept auf Seite 34

Erdnussbutter-Cookies
Rezept auf Seite 34

Granola-Florentiner

00 25 std : min

LOW CARB LOW FAT

PRO STÜCK : 270 KCAL | 7 G E | 16 G F | 28 G KH
ZZGL. 1 STD. RUHEZEIT
ZUTATEN FÜR 16 STÜCK

- ★ 220 g Haferflocken
- ★ 70 g Mandelkerne
- ★ 60 g Pekannusskerne
- ★ 50 g Kürbiskerne
- ★ 20 g Pistazienkerne
- ★ 80 g getrocknete Aprikosen
- ★ 80 g Medjoul-Datteln
- ★ 125 g Mandelbutter
- ★ 50 g Ahornsirup
- ★ 20 g Leinsamen
- ★ 1 TL Zimt
- ★ Mark von ½ Vanilleschote
- ★ ¼ TL Meersalz
- ★ 200 g Zartbitterschokolade, in Stücken

1 | 150 g Haferflocken mit den Mandelkernen in den geben und **10 Sek.** | **Stufe 7** zerkleinern. 70 g Haferflocken, Pekannusskerne sowie Kürbiskerne und Pistazienkerne zufügen, **4 Sek.** | **Stufe 5** zerkleinern und umfüllen.

2 | Aprikosen mit Datteln in den geben und **5 Sek.** | **Stufe 6** zerkleinern. Mit dem nach unten schieben. Mandelbutter und Ahornsirup zufügen und **3 Min.** | **37 °C** | **Stufe 2** vermengen.

3 | Haferflocken-Nuss-Mischung, Leinsamen, Zimt, Vanillemark sowie Meersalz zugeben, **15 Sek.** | | **Stufe 3** vermengen.

4 | Eine Backform oder Auflaufform (etwa 22 × 22 cm) mit Backpapier auslegen und die Masse hineingeben. Mit einem Löffel, den Händen oder der Unterseite von einem Glas fest und eben andrücken. Für mind. 1 Stunde oder über Nacht in den Kühlschrank geben.

5 | Granola-Bar aus der Form nehmen und mit einem scharfen Messer in 16 Stücke schneiden.

6 | Zartbitterschokolade in den geben und **5 Sek.** | **Stufe 7** zerkleinern und anschließend **5 Min.** | **55 °C** | **Stufe 2** schmelzen. Backbleche mit Backpapier vorbereiten. Die Granola-Bars mit allen 4 Seiten vorsichtig in die Schokolade tunken und auf das Backpapier legen. Anschließend abkühlen lassen und luftdicht verpackt und kühl lagern.

>TIPP Für einen besonders schnellen Schokoladenüberzug könnt ihr den ganzen Granola-Riegel aus der Form nehmen, umdrehen und mit der flüssigen Schokolade bestreichen. Nun aushärten lassen und anschließend in Quadrate schneiden. Fertig!

Blitz-Zimtsterne

00 20
std : min

LOW CARB LOW FAT

PRO STÜCK: 51 KCAL | 0 G E | 3 G F | 5 G KH
ZUTATEN FÜR 30 STÜCK

- 300 g Haselnusskerne
- 120 g Medjoul-Datteln
- 40 g Mandelbutter
- 2 TL Ceylon-Zimtpulver
- Mark von 1 Vanilleschote
- 2 Prise Salz
- etwa 140 g Puderzucker, für den Guss
- etwa 2 EL Wasser oder Zitronensaft, für den Guss

1 | Die Haselnüsse in den Mixtopf geben und **12 Sek. | Stufe 7** mahlen. Datteln, Mandelbutter, Zimt, Vanillemark sowie Salz zufügen und alles **30 Sek. | Stufe 7** verkneten.

2 | Die Masse zwischen zwei Bögen Backpapier mit dem Nudelholz etwa 0,8 cm dünn ausrollen. Anschließend mit einem Ausstecher sternförmig ausstechen.

3 | Den Puderzucker mit etwa 1 EL Wasser oder Zitronensaft in einer Schüssel glatt rühren. Die Sterne mit dem Guss bestreichen und 1 Std. kühlen. Anschließend luftdicht verschließen und kühl lagern.

Die Stars in der Keksdose

Schoko-Hafer-Kekse

Rezept auf Seite 34

Puffreis-Pralinen

00 10 std : min

PRO STÜCK: 58 KCAL | 0 G E | 3 G F | 7 G KH

ZZGL. 2 STD. RUHEZEIT

ZUTATEN FÜR 30 STÜCK

- ★ **50 g Mandelkerne, geröstet**
- ★ **250 g weiße Schokolade, in Stücken**
- ★ **80 g Puffreis**
- ★ **1½ TL Zimtpulver**

1 | Mandelkerne in den geben, **10 Sek. | Stufe 4** zerkleinern und umfüllen.

2 | Schokolade in den geben, **5 Sek. | Stufe 7** zerkleinern und mit dem nach unten schieben. Dann **3 Min. | 40°C | Stufe 1** schmelzen.

3 | Geschmolzene Schokolade in eine Schüssel umfüllen, zerkleinerte Mandelkerne, den Puffreis und das Zimtpulver zufügen und alles gut mischen.

4 | Mit zwei Löffeln kleine Kugeln formen, auf Backpapier setzen und kalt stellen. Schokolade vollständig auskühlen lassen und servieren.

>TIPP Die Variationsmöglichkeiten für diese kleinen Pralinen sind immens! Anstelle von Mandelkernen könnt ihr andere Nüsse und Kerne einsetzen, anstelle der weißen Schokolade herbe Bitterschokolade oder Vollmilch, anstelle von Zimtpulver könnt ihr Kardamom, Vanillezucker, Lebkuchengewürz oder auch pulverisierte, gefriergetrocknete Früchte wie Himbeeren oder Cranberrys verwenden, die bei weißer Schokolade noch einen Rosé-Look erschaffen. Eine Prise Meersalz passt auch immer gut zu schokoladigen Leckereien! Zudem könnt ihr etwas weiße Schokolade schmelzen und die Pralinen zur Hälfte darin eintunken.

>TIPP Beachtet bei diesem Rezept, dass ihr nur vier Zutaten benötigt. Je besser deren Qualität, desto besser der Geschmack eurer Pralinen. Wählt also die hochwertigsten Zutaten, die ihr euch leisten könnt.

Erdnussbutter-Cookies von der Rolle

00 20 std : min

PRO STÜCK: 129 KCAL | 3 G E | 8 G F | 12 G KH

ZZGL. 4 STD. RUHEZEIT

ZUTATEN FÜR 30 STÜCK

- ★ **200 g Butterkekse, in Stücken**
- ★ **150 g Haferkekse (wir haben „Hobbits" verwendet)**
- ★ **100 g gesalzene Erdnüsse**
- ★ **60 g Butter, in Stücken**
- ★ **150 g Erdnussbutter**
- ★ **100 g Medjoul-Datteln**
- ★ **70 g Mandelmilch**
- ★ **Mark von ½ Vanilleschote**

1 | Butterkekse und Haferkekse in den geben und **8 Sek. | Stufe 8** zerkleinern. Keksbrösel umfüllen. Erdnüsse in den geben, **4 Sek. | Stufe 5** zerkleinern, ebenfalls umfüllen.

2 | Butter mit Erdnussbutter in den geben und **3 Min. | 40°C | Stufe 2** schmelzen. Datteln und Mandelmilch zugeben und **8 Sek. | Stufe 8** pürieren.

3 | Keksbrösel, ⅓ der Erdnüsse sowie Vanillemark zufügen und **10 Sek. | Stufe 4** vermengen. Mit dem nach unten schieben und Vorgang wiederholen.

4 | Den Teig auf die Arbeitsfläche geben, mit den Händen durchkneten, halbieren und zu zwei Rollen formen. Die Teighälften jeweils auf Backpapier oder Frischhaltefolie geben, zu einer Stange rollen und die Enden eindrehen. Mind. 4 Std. oder über Nacht in den Kühlschrank legen.

5 | Nach dem Kühlen in Stücke schneiden und kühl aufbewahren. Ggf. vor dem Anschneiden bei Zimmertemperatur anwärmen lassen.

>TIPP Medjoul- oder Mejool-Datteln sind besonders groß und haben viel süßes, sehr weiches Fruchtfleisch, das Gebäck eine tolle Konsistenz und einen angenehm honigsüßen Geschmack verleiht.

Schoko-Hafer-Kekse

00 15 std : min

PRO STÜCK: 100 KCAL | 3 G E | 5 G F | 11 G KH

ZZGL. 2 STD. RUHEZEIT

ZUTATEN FÜR 30 STÜCK

- ★ **60 g Zartbitterschokolade, in Stücken**
- ★ **150 g Nussbutter (z.B. Mandel- oder Erdnussbutter)**
- ★ **60 g Honig**
- ★ **50 g Kokosöl**
- ★ **300 g feine Haferflocken**
- ★ **2 EL Kakaopulver**
- ★ **2 Prisen Meersalz**

1 | Schokolade in den geben und **3 Sek. | Stufe 6** zerkleinern und umfüllen.

2 | Nussbutter, Honig sowie Kokosöl in den geben und **3 Min. | 40°C | Stufe 3** schmelzen.

3 | Haferflocken, Kakaopulver sowie Meersalz zufügen und **10 Sek. | | Stufe 3** | vermengen. Schokolade zugeben und erneut **5 Sek. | | Stufe 3** vermengen.

4 | Ein Blech mit Backpapier auslegen und mit zwei Teelöffeln oder einem Eisportionierer kleine runde Portionen auf das Blech setzen, diese mit dem Rücken eines Esslöffels vorsichtig flach drücken und etwa 2 Std. in den Kühlschrank geben. Anschließend in eine verschließbare Box geben und kühl lagern.

>TIPP Eine helle Variante für diese Haferkekse gelingt euch mit weißer Schokolade, die ihr in Schritt 1 verarbeitet. Zudem gebt ihr in Schritt 3 anstelle von 2 EL Kakaopulver entweder 2 EL Bananenmilch, 2 EL Zimtzucker oder 2 EL selbst gemachten Vanillezucker hinzu.

RATGEBER

Ganz ohne Backen

Mixen, formen, ab in den Kühlschrank – so einfach geht no bake! Wir verraten euch, worauf es beim Backen ohne Ofen ankommt

WARUM NO BAKE?

„No bake" steht für „ohne Backen". Das heißt, das so hergestellte Gebäck kann ohne gebacken zu werden, verzehrt werden. Das bedeutet auch, dass nur Lebensmittel verwendet werden, die roh gegessen werden können.

Beliebt ist diese Art des Backens, weil es so simpel ist und wir dafür keinen Backofen brauchen! Das spart sowohl Mühe, als auch Strom und Zeit. Die Zutaten werden ratz-fatz zusammengemixt und die fertigen Süßigkeiten wandern anschließend in den Kühlschrank, wo sie gut durchziehen dürfen. Vorkosten ist natürlich jederzeit erlaubt!

HALTBARKEIT

Die meisten No-bake-Kreationen sind nach der Herstellung mehrere Tage haltbar – vorausgesetzt, sie werden in einer Dose oder in einem Glas verschlossen im Kühlschrank gelagert.

DEKO-IDEEN

Beim Dekorieren eurer No-bake-Leckereien könnt ihr genauso vorgehen wie bei den gebackenen. Verwendet Kakaonibs für noch mehr Biss oder lasst mit Kokosraspeln etwas Schnee auf die Cookies rieseln. Geeignet sind auch Trockenfrüchte und gehackte Nüsse. Oder ihr greift einfach in euer Süßigkeitenversteck, schnappt eure Lieblingskekse und macht Keksstreusel daraus. Plätzchen mit geschmolzener Schokolade übergießen und mit Keksstreuseln toppen – schmeckt immer himmlisch!

FORM-VIELFALT

Eure No-bake-Plätzchen könnt ihr in verschiedensten Formen gestalten. Gebt die Masse zum Beispiel auf ein mit Backpapier ausgelegtes Blech, streicht sie darauf glatt aus und schneidet dann Quadrate oder Rauten daraus. Alternativ formt ihr Bällchen, die ihr in Kokosraspeln oder pulverisierten gefriergetrockneten Himbeeren wälzt. Schon habt ihr kleine Pralinen! Viele Teige lassen sich auch gut mit Ausstechformen ausstechen. Ist die Masse recht weich, könnt ihr sie mithilfe eines Eisportionierers in Tupfen oder Kügelchen auf Backpapier setzen.

VERWENDEN

- Nüsse und knusprige Kekse, grob zerkleinert
- Frischkäse oder Sahne zum Verbinden
- Honig und Sirup als Süßungsmittel
- geschmolzene Schokolade, Trockenfrüchte und Gewürze fürs Aroma

VERMEIDEN

- rohe Eier
- Backpulver
- viele trocken-pulvrige Komponenten, zum Beispiel Zucker oder Mehl
- Zutaten, die schlecht formbar sind, wie beispielsweise Weingummi

GUT DING WILL WEILE HABEN

No-bake-Plätzchen sind zwar fix gemacht, dennoch solltet ihr auf jeden Fall genug Zeit einplanen. Am besten bereitet ihr eure Kekse bereits einen Tag im Voraus zu. So stellt ihr sicher, dass sie auch schön fest werden und sich alle Zutaten gut miteinander verbunden haben. Das Gleiche gilt übrigens auch für No-bake- oder Kühlschranktorten!

WINTERLICHE FRUCHTKUGELN

00 10 std : min

LOW CARB LOW FAT

PRO STÜCK: 73 KCAL | 2 G E | 5 G F | 6 G KH
ZUTATEN FÜR ETWA 20 STÜCK

100 g Mandel- und 50 g Pekannusskerne in den [Mixtopf] geben und **15 Sek. | Stufe 10** zerkleinern. Jetzt 120 g getrocknete entsteinte Datteln, 20 g Chiasamen, 1 TL Zimtpulver, ½ TL Kakaopulver, 2 TL Kokosraspeln und 1 Prise Salz zugeben und **20 Sek. | Stufe 8** mixen. Danach mit angefeuchteten Händen zu etwa 20 Kugeln formen, nach Belieben in Kokosraspeln oder gemahlenen Nüssen wenden.

>TIPP Im Schraubglas verschenken!

Fotos: Anna Gieseler (1); Archiv (2) | Illustrationen: Getty Images/askmenow (1)

BLOG Unsere neuesten Ideen findet ihr auf unserem Blog!
WWW.ZAUBERTOPF.DE/REZEPTE

Kleine Kekswunder

Knuspriger Keks, zarte Füllung, samtige Glasur und kernige Pistazienhaube – diese kleinen Doppeldecker bringen alles mit, was das Plätzchennaschen zum Erlebnis macht

Foto & Styling: Ira Leoni

Schoko-Marzipan-Doppeldecker

00|50 std : min

LOW CARB · LOW FAT

PRO STÜCK: 123 KCAL | 2 G E | 6 G F | 15 G KH
ZUTATEN FÜR 50 STÜCK

- **300 g Mehl Type 405 zzgl. etwas mehr zum Bearbeiten**
- **50 g Kakaopulver**
- **½ Pck. Backpulver**
- **1 Prise Salz**
- **1½ TL selbst gemachter Vanillezucker**
- **150 g Puderzucker zzgl. etwas mehr zum Bearbeiten**
- **Saft und Abrieb von ½ unbehandelten Zitrone**
- **200 g weiche Butter, in Stücken**
- **1 Eigelb**
- **200 g Marzipanrohmasse**
- **100 g Aprikosenkonfitüre**
- **200 g Zartbitterkuvertüre, in Stücken**
- **100 g gehackte Pistazienkerne**

1 Mehl, Kakaopulver, Backpulver, Salz, Vanillezucker, 100 g Puderzucker, Zitronenabrieb, -saft, Butter in Stücken sowie Eigelb in den geben und **30 Sek.** | **Stufe 4** verkneten. Den Teig auf einer leicht bemehlten Arbeitsfläche kurz durchkneten, in Frischhaltefolie wickeln und 1 Std. kalt stellen. Den säubern.

2 Backofen auf 180 °C Ober-/Unterhitze vorheizen. Teig auf einer leicht bemehlten Arbeitsfläche portionsweise etwa 3 mm dünn ausrollen. Mit einem Keksausstecher Plätzchen ausstechen und auf mit Backpapier belegte Bleche legen.

3 Plätzchen blechweise 10–12 Min. hellbraun backen. Herausnehmen und abkühlen lassen. Inzwischen Marzipan und übrigen Puderzucker im **1 Min.** | verkneten. Arbeitsfläche leicht mit gesiebtem Puderzucker bestäuben, das Marzipan portionsweise dünn ausrollen. Mit denselben Keksausstechern Marzipan ausstechen. Den säubern.

4 Aprikosenkonfitüre in einem Topf leicht erwärmen, damit sie etwas flüssiger wird. Plätzchen damit dünn bestreichen. Hälfte der Plätzchen mit dem ausgestochenen Marzipan bedecken. Übrige Kekse darauflegen und leicht festdrücken.

5 Die Kuvertüre in den geben und **5 Sek.** | **Stufe 7** zerkleinern. Mit dem nach unten schieben, **4 Min.** | **40 °C** | **Stufe 2** schmelzen. In eine Schale umfüllen. Plätzchen zur Hälfte hineintauchen, mit Pistazienkernen bestreuen und trocknen lassen.

Torte zum Adventskaffee

Während draußen schon früh die Dämmerung einsetzt, zünden wir im Haus die Kerzen an und servieren zur gemütlichen Kaffeezeit festliche Torten

Fotos & Styling: Katharina Küllmer

Joghurt-Orangen-Torte
Rezept auf Seite 44

Illustrationen: Archiv (1)

Bei Kerzenschein glücklich sein!

Gewürz-Sachertorte
Rezept auf Seite 45

Foto: Getty Images/iStock/Getty Images Plus/franckreporter (1)

Mehr inspirierende Fotos und Rezeptideen:
WWW.PINTEREST.DE/MEINZAUBERTOPF

Marzipan-Mohn-Torte
Rezept auf Seite 45

Foto: Getty Images/iStock/Getty Images Plus/Haoran Feng (1)

Kleine Joghurt-Orangen-Torte

02:00 std : min

LOW CARB | LOW FAT

PRO STÜCK: 517 KCAL | 9 G E | 26 G F | 62 G KH

ZZGL. MIND. 4 STD. RUHEZEIT

ZUTATEN FÜR 8 STÜCKE

- ★ 225 g Zucker
- ★ 4 Eier, getrennt
- ★ 50 g weiche Butter, in Stücken, zzgl. etwas mehr zum Fetten der Form
- ★ 60 g Stärke
- ★ 75 g Dinkelvollkornmehl
- ★ ½ Pck. Backpulver
- ★ 1 Prise Salz
- ★ 6 Blatt Gelatine
- ★ 1 unbehandelte Orange
- ★ 350 g Sahnejoghurt
- ★ 2½ TL Zimtpulver
- ★ 350 g Sahne
- ★ 10 g selbst gemachter Vanillezucker
- ★ 20 g Wasser
- ★ 3 Orangen
- ★ 3 EL Honig
- ★ 5 Stangen Zimt
- ★ 3 Gewürznelken
- ★ 3 Kardamomkapseln

1 | Backofen auf 160 °C Ober-/Unterhitze vorheizen. Boden einer Springform (18 cm Ø) mit Backpapier auskleiden. 75 g Zucker in den geben, **10 Sek. | Stufe 10** pulverisieren. Puderzucker umfüllen und beiseitestellen. Die Eigelbe, 75 g Zucker und Butter im **3 Min. | Stufe 4** schaumig rühren.

2 | Stärke, Mehl sowie Backpulver zufügen, **2 Min. | Stufe 3,5** verrühren. Teig umfüllen und gründlich spülen. Den Rühraufsatz einsetzen. Eiweiße sowie Salz in den geben und **3 Min. | Stufe 3,5** steif schlagen. Eischnee vorsichtig mit dem unter die Eigelb-Mischung heben. In die vorbereitete Form geben und im heißen Ofen 20–25 Min. backen. Anschließend aus dem Ofen nehmen und vollständig abkühlen lassen.

3 | Für die Füllung die Gelatine nach Packungsangabe in Wasser einweichen. Orange heiß waschen und 1 TL Schale fein abreiben. Anschließend die Orange filetieren und in feine Würfel schneiden, dabei den austretenden Saft auffangen. Joghurt, Puderzucker, 1 TL Zimt sowie Orangenabrieb in den geben und **40 Sek. | Stufe 3** glatt rühren. Joghurt-Mischung umfüllen und den spülen.

4 | Den Rühraufsatz einsetzen. Die Sahne mit Vanillezucker unter Sichtkontakt ohne Zeiteinstellung im **Stufe 3,5** steif schlagen. Die geschlagene Sahne umfüllen, den spülen. Aufgefangenen Orangensaft und 20 g Wasser in den geben, **4 Min. | 80 °C | Stufe 2** erhitzen. Die gut ausgedrückte Gelatine zufügen und erneut **2 Min. | 80 °C | Stufe 2** erhitzen. 3 EL der Joghurtcreme in den geben und **30 Sek. | Stufe 3** einrühren. Diese Mischung nun mit dem unter die übrige Joghurtcreme rühren. Orangenstücke und Sahne ebenfalls mit dem unterheben.

5 | Den Tortenboden waagerecht halbieren. Den unteren Boden auf eine Tortenplatte setzen und einen Tortenring darumstellen. Die Hälfte der Orangencreme darauf verteilen und mit dem 2. Boden bedecken. Die übrige Creme auf dem 2. Boden verteilen und die Torte mind. 4 Std., besser über Nacht, kalt stellen.

6 | 2 Orangen filetieren. Übrige Orange halbieren und den Saft auspressen. Orangensaft, Honig, übriges Zimtpulver, 1 Zimtstange, Nelken, Kardamom und übrigen Zucker im **16 Min. | 90 °C | ⟲ | Stufe 1** ohne Messbecher einkochen lassen. Vollständig abkühlen lassen, dann die Gewürze entfernen.

7 | Orangenfilets mittig auf der Torte anrichten und mit Orangen-Gewürzsirup beträufeln. Mit den übrigen Zimtstangen garnieren und servieren.

>TIPP Aufgrund der Verwendung von Gelatine ist die Torte nicht vegetarisch. Ihr könnt sie allerdings durch Agar Agar ersetzen und schon kommen auch Vegetarier in den Genuss der Adventstorte! Agar Agar ist eine vegane Geliermittel-Alternative, bestehend aus Algen, dabei völlig geschmacksneutral. Übrigens: Ihr könnt die Zutat auch zum Andicken von Kompotten, Cremes, Tortenguss, Soßen oder Pasteten verwenden.

Stück für Stück ein Hochgenuss

Gewürz-Sachertorte

02 00 std : min

LOW CARB LOW FAT

PRO STÜCK: 414 KCAL | 7 G E | 20 G F | 54 G KH

ZZGL. 1 STD. RUHEZEIT

ZUTATEN FÜR 14 STÜCKE

- ★ **130 g Butter, in Stücken, zzgl. etwas mehr zum Fetten der Form**
- ★ **130 g Mehl Type 405 zzgl. etwas mehr zum Bearbeiten**
- ★ **290 g Zucker**
- ★ **130 g Zartbitterschokolade, in Stücken**
- ★ **6 Eier**
- ★ **1 TL Zimtpulver**
- ★ **½ TL Kardamompulver**
- ★ **½ TL Ingwerpulver**
- ★ **1 Prise Anispulver**
- ★ **1 Prise Salz**
- ★ **200 g Aprikosenkonfitüre**
- ★ **300 g Zartbitterkuvertüre, in Stücken**
- ★ **125 g Wasser**

1 | Backofen auf 180 °C Ober-/Unterhitze vorheizen. Eine Springform (26 cm ø) mit etwas Butter fetten und mit Mehl ausstäuben. 90 g Zucker im **10 Sek.** | **Stufe 10** pulverisieren. Umfüllen und beiseitestellen. Die Zartbitterschokolade in den geben, **5 Sek.** | **Stufe 7** zerkleinern und anschließend **3 Min.** | **50 °C** | **Stufe 1** schmelzen. Geschmolzene Schokolade umfüllen.

2 | Die Eier trennen. Eigelbe, Butter, Puderzucker sowie Gewürze in den geben und **3 Min.** | **Stufe 4** schaumig rühren. Mehl und geschmolzene Schokolade zufügen, **2 Min.** | **Stufe 4** unterrühren. Den Teig umfüllen und den gründlich spülen.

3 | Den Rühraufsatz einsetzen. Eiweiße mit dem Salz im **3 Min.** | **Stufe 3,5** steif schlagen. Weitere **4 Min.** **Stufe 3,5** einstellen, dabei 100 g Zucker nach und nach durch die Deckelöffnung einrieseln lassen. Eischnee vorsichtig mit dem unter die Schokoladen-Masse heben und alles in die vorbereitete Springform geben. Im heißen Ofen etwa 50 Min. backen. Den spülen.

4 | Den Kuchen aus dem Ofen nehmen und vorsichtig aus der Form stürzen. Mindestens 1 Std. abkühlen lassen.

5 | Die Konfitüre leicht erwärmen Den Kuchen einmal waagerecht halbieren. Den unteren Boden auf eine Tortenplatte setzen und mit der Konfitüre bestreichen. Mit dem zweiten Boden bedecken.

6 | Kuvertüre im **5 Sek.** | **Stufe 7** zerkleinern und umfüllen. Übrigen Zucker mit Wasser in den geben und **4 Min.** | **90 °C** | **Stufe 1** aufkochen. Kuvertüre zugeben, **2 Min.** | **Stufe 2** schmelzen lassen. Den Guss mittig auf die Torte gießen und durch hin- und herdrehen der Torte den Guss gleichmäßig darüberlaufen lassen. Vollständig fest werden lassen, dann servieren.

Marzipan-Mohn-Torte

02 00 std : min

LOW CARB LOW FAT

PRO STÜCK: 555 KCAL | 10 G E | 30 G F | 62 G KH

ZZGL. 8 STD. KÜHLZEIT

ZUTATEN FÜR 14 STÜCKE

- ★ **220 g Zucker**
- ★ **150 g Mehl Type 405**
- ★ **½ Pck. Backpulver**
- ★ **150 g Mohn**
- ★ **3 Eier, getrennt**
- ★ **Salz**
- ★ **20 g selbst gemachter Vanillezucker**
- ★ **4 EL heißes Wasser**
- ★ **600 g Sahne**
- ★ **2 Pck. Sahnesteif**
- ★ **150 g Kirschkonfitüre**
- ★ **4 EL Kirschwasser**
- ★ **600 g Marzipanrohmasse**
- ★ **etwas Kakaopulver zum Bestäuben**

1 | 70 g Zucker in den geben und **10 Sek.** | **Stufe 10** pulverisieren. Den Puderzucker umfüllen und beiseitestellen.

2 | Den Backofen auf 180 °C Ober-/Unterhitze vorheizen. Den Boden einer Springform (26 cm Ø) mit Backpapier auslegen. Für den Teig Mehl, Backpulver und Mohn mischen. Den Rühraufsatz einsetzen. Eiweiße mit 1 Prise Salz im **3 Min.** | **Stufe 3,5** steif schlagen, umfüllen und kalt stellen.

3 | Eigelbe, übrigen Zucker, 10 g Vanillezucker sowie heißes Wasser in den geben und **3 Min.** | **Stufe 4** schaumig aufschlagen. Mehl-Mischung zufügen und **2 Min.** | **Stufe 3** unterrühren.

4 | Den Eischnee vorsichtig mit dem unter die Mohn-Mischung heben. In die vorbereitete Springform füllen und glatt streichen. Im heißen Backofen etwa 30 Min. backen. Anschließend aus dem Ofen nehmen, aus der Form lösen und vollständig auf einem Kuchengitter auskühlen lassen. spülen und trocknen.

5 | Den Rühraufsatz einsetzen. Die Hälfte der Sahne mit 1 Pck. Sahnesteif und übrigem Vanillezucker in den geben, ohne Zeitangabe auf Sichtkontakt **Stufe 3** steif schlagen. Konfitüre leicht erwärmen. Den ausgekühlten Mohn-Biskuit waagerecht dritteln. Den unteren Boden auf eine Tortenplatte setzen und mit der Konfitüre bestreichen. Die Hälfte der Sahne auf die Konfitüre geben und glatt streichen. Mit dem 2. Boden bedecken und diesen mit 2 EL Kirschwasser beträufeln. Übrige Sahne darauf verteilen und mit dem 3. Boden bedecken. Mit dem restlichen Kirschwasser beträufeln.

6 | Die übrige Sahne mit Rest Sahnesteif ohne Zeiteinstellung auf Sichtkontakt **Stufe 3** steif schlagen. Die Torte damit rundherum einstreichen und bis zur weiteren Verwendung in den Kühlschrank stellen. Den spülen und trocknen.

7 | Marzipan mit 50 g Puderzucker im **1 Min.** | verkneten. Etwa 500 g der Masse auf einer leicht mit Puderzucker bestäubten Backmatte oder einem aufgeschnittenen Gefrierbeutel rund ausrollen (etwa 38 cm). Auf die Torte legen und die Marzipandecke leicht andrücken, sodass die Torte komplett mit dem Marzipan umhüllt ist. Überstehendes Marzipan mit einem scharfen Messer abschneiden. Restliches Marzipan auf einer leicht mit Puderzucker bestäubten Arbeitsfläche dünn ausrollen. Nach Belieben mit verschiedenen Ausstechförmchen Weihnachtsmotive ausstechen und auf die Torte legen. Über Nacht abgedeckt in den Kühlschrank stellen.

8 | Torte aus dem Kühlschrank nehmen und nach Belieben vorsichtig mit etwas Kakaopulver bestäuben. In Stücke schneiden und servieren.

LESESPASS MIT GESCHENK

BESTELLNUMMER: MZ17ONE

NUR 42,90 € FÜR 8 HEFTE IM JAHR

Verpasse keines der angesagten Themen für dich und deinen Thermomix®! Im Jahresabo von **mein ZauberTopf** kannst du Geld sparen und jede neue Ausgabe kommt portofrei direkt zu dir in den Briefkasten. Als Dankeschön kannst du dir ein wertvolles Geschenk deiner Wahl aussuchen!

FÜR NUR 6 € ZUZAHLUNG IM JAHR ALLES AUCH DIGITAL LESEN!

WOW! WAS FÜR EINE TOLLE IDEE!

mein ZauberTopf ist bekannt für Ideen mit dem gewissen Etwas. Du findest garantiert mehr als eine Überraschung, die dich **begeistert**!

SAISONALE MIX-REZEPTE

Darum geht's: Wir kochen **immer saisonal**, dadurch unschlagbar preisbewusst, **raffiniert einfach** und vor allem lecker!

EINZIGARTIGES KNOW-HOW

In jeder Ausgabe widmen wir uns besonderen **Funktionen** und genialen Möglichkeiten, die der **Thermomix® bietet**.

mein ZauberTopf ist eine Publikation aus dem Hause falkemedia und steht in keinerlei Verbindung zu den Unternehmen der Vorwerk-Gruppe. Die Marken „Thermomix®", „TM5®" und „Varoma®" sowie die Produktgestaltungen des „Thermomix®" sind eingetragene Marken der Unternehmen der Vorwerk-Gruppe. Für die Rezeptangaben in **mein ZauberTopf** ist ausschließlich falkemedia verantwortlich.

3ER-SET „ZAUBERPRISE", BIO-GEWÜRZMISCHUNGEN

Die perfekte Würze für Salat, Geflügel- und Fischgerichte: entwickelt und empfohlen für den Thermomix®.

Ohne Zuzahlung, ~~14,67~~ Euro | Prämien-ID: F1406

BASIS-KOCHBUCH

Das große Basis-Kochbuch ist die „Bibel" für alle Nutzer des Thermomix®. Es hält mit seinen 260 Seiten auf jede Koch- und Backfrage eine Antwort parat!

Ohne Zuzahlung, ~~29,90~~ Euro | Prämien-ID: F1403

ZUBEHÖR-PAKET „S"

Das Set enthält die vollständige Grundausstattung zum Reinigen deines Mixtopfs: 1 Silikonspatel, 3 flexible Messerbürsten und 1 Universalbürste für den Mixtopf.

Ohne Zuzahlung, ~~14,95~~ Euro | Prämien-ID: F1214

EIN GESCHENK NACH WAHL GIBT'S GRATIS DAZU!

JETZT JAHRESABO ABSCHLIESSEN UND TOLLE PRÄMIE SICHERN!

BESTELLNUMMER: MZ17ONE

Einzelhefte und unterschiedliche Abo-Angebote:
WWW.SHOP.ZAUBERTOPF.DE

BESTELLUNG

PER POST
Abo-Service falkemedia
mein ZauberTopf
Postfach 810640 · 70523 Stuttgart

ONLINE
www.zaubertopf.de/praemienabo

PER TELEFON
Ruf einfach an unter:
+49 711 72 52 293

Bratapfel-Tiramisu
Rezept auf Seite 52

Star der Weihnachtszeit

Der Bratapfel

Wir zeigen den Klassiker in drei neuen Varianten:
als süßen Likör oder in fruchtigem Brotaufstrich zum Verschenken
und als Schichtdessert zum sofortigen Vernaschen!

Fotos: Désirée Peikert für Bosch (1); Getty Images/iStock/Getty Images Plus/VadimZakirov (1) | Illustration: Getty Images/pixelliebe (1)

Die goldene Zutat

Bratapfellikör
Rezept auf Seite 52

Jedes Gläschen steckt voller Geschmack

Fotos: Getty Images/iStock/Getty Images Plus/InaTs (1); Désirée Peikert für Bosch (1)

Bratapfel-Tiramisu

00 35 std : min

LOW CARB LOW FAT

PRO PORTION: 625 KCAL | 7 G E | 42 G F | 53 G KH
ZUTATEN FÜR 8 PERSONEN

- **200 g Löffelbiskuits oder Spekulatius**
- **300 g Äpfel, geschält und geviertelt**
- **50 g brauner Zucker**
- **1 TL Zimtpulver**
- **Mark von 1 Vanilleschote**
- **120 g Apfelsaft**
- **1 Pck. Vanillepuddingpulver**
- **200 g Sahne**
- **125 g Zucker**
- **2 Eigelb**
- **500 g Mascarpone**
- **40 g Amaretto**
- **etwas Kakaopulver zum Bestäuben**

1 | Löffelbiskuits oder Spekulatius in den geben und **10 Sek. | Stufe 6** zerkleinern. Umfüllen und beiseitestellen.

2 | Für das Bratapfelkompott Äpfel in den geben und **4 Sek. | Stufe 4,5** zerkleinern. Mit dem nach unten schieben. Braunen Zucker, Zimt, Vanillemark sowie 50 g Apfelsaft zufügen und **10 Min. | 90°C | Stufe 2** einkochen.

3 | Vanillepuddingpulver mit übrigem Apfelsaft verrühren, in den geben. Weitere **4 Min. | 90°C | Stufe 2** erhitzen, umfüllen und abkühlen lassen. Den spülen und den Rühraufsatz einsetzen.

4 | Für die Creme die Sahne mit 75 g Zucker ohne Zeiteinstellung unter Sichtkontakt auf **Stufe 3,5** steif schlagen. Den Rühraufsatz entfernen und die Sahne umfüllen. Eigelbe mit restlichem Zucker **2 Min. | Stufe 4** cremig rühren. Mascarpone sowie Amaretto zugeben, weitere **40 Sek. | Stufe 4** unterrühren. Sahne mithilfe des unterheben.

5 | Löffelbiskuit- oder Spekulatiusbrösel auf die Gläser verteilen. Zuerst Bratapfelkompott, dann Creme daraufgeben. Mit Kakao bestäuben und bis zum Verzehr kalt stellen.

Bratapfellikör

00 25 std : min

LOW CARB LOW FAT

PRO PORTION (2 CL): 28 KCAL | 0 G E | 0 G F | 7 G KH
ZZGL. 4 WOCHEN RUHEZEIT
ZUTATEN FÜR 3 FLASCHEN À 700 ML

- **700 g Äpfel, geschält und geviertelt**
- **220 g brauner Zucker**
- **1 Vanilleschote**
- **1 Zimtstange**
- **Abrieb von ½ unbehandelten Zitrone**
- **1 Sternanis**
- **1500 ml Korn oder Wodka**

1 | Den Backofen auf 180 °C Ober-/Unterhitze vorheizen. Ein Blech mit Backpapier auslegen.

2 | Die Äpfel auf dem Backblech verteilen. Im heißen Ofen 15–20 Min. weich garen und auskühlen lassen. Die Äpfel dürfen noch nicht zerfallen.

3 | Den Zucker in den geben und **10 Sek. | Stufe 10** pulverisieren. Mit dem nach unten schieben. Die Vanilleschote längs halbieren und das Mark herauslösen.

4 | Äpfel mit Vanillemark, Vanilleschote, Zimtstange, Zitronenabrieb und Sternanis in den geben, **30 Sek. | | Stufe 1** vermischen. Mischung in ein großes Einmachglas geben, mit Korn oder Wodka auffüllen und mind. 4 Wochen ziehen lassen.

5 | Fertigen Likör zuerst durch ein Sieb, dann durch ein Mulltuch filtern. Anschließend in Flaschen füllen und gut verschließen.

>TIPP Um Likör oder Sirup bis auf den letzten Tropfen aus dem zu lösen, empfehlen wir, einen sehr weichen zu verwenden, mit dem ihr einmal am Rand des entlangstreicht, sodass nichts zurückbleibt. Ein weiterer Trick: 1–2 Sekunden den Turbo-Modus einsetzen, und alle Tröpfchen werden an den Rand des geschleudert. Nun könnt ihr sie in euer Gefäß streichen.

Bratapfelkonfitüre

00 35 std : min

LOW CARB LOW FAT

PRO PORTION (30 G): 64 KCAL | 1 G E | 1 G F | 13 G KH
ZZGL. 8 STD. RUHEZEIT
ZUTATEN FÜR 4 GLÄSER À 250 ML

- **50 g Rosinen**
- **3 EL Rum**
- **100 g Mandelstifte**
- **1 Vanilleschote**
- **600 g Äpfel, geschält und geviertelt**
- **Saft von 1 Zitrone**
- **250 g Apfelsaft**
- **1 Zimtstange**
- **500 g Gelierzucker (2:1)**

1 | Die Rosinen über Nacht in Rum einweichen. Mandeln in einer Pfanne ohne Fett anrösten. Die Vanilleschote längs halbieren und Mark herauslösen.

2 | Äpfel mit Zitronensaft in den geben und **4 Sek. | Stufe 5** zerkleinern. Die Mandeln, Apfelsaft, Rosinen, Zimtstange, Vanillemark sowie Vanilleschote zufügen und **3 Min. | 100°C | | Stufe 1** aufkochen, dann weitere **15 Min. | 90°C | | Stufe 1** kochen lassen.

3 | Den Gelierzucker dazugeben und alles ohne Messbecher **3 Min. | 100°C | | Stufe 1** sprudelnd kochen lassen.

4 | Vanilleschote und Zimtstange herausholen. Konfitüre in sterile Einmachgläser füllen. Fest verschließen und vollständig abkühlen lassen.

>OBSTSTÜCKE Wenn ihr Obst vorbereitet, sollten die Stücke immer nur so groß sein, dass sie noch durch die Deckelöffnung eures passen. Dann schafft es das Messer, sie zu zerkleinern. Die Öffnung ist also die perfekte „Schablone"!

Bratapfelkonfitüre
Rezept siehe linke Seite

Sehr willkommen beim Brunch im Advent

Fotos: Désirée Peikert für Bosch (1) | Illustrationen: Getty Images/iStock/Getty Images Plus (1)

RATGEBER

Bratapfel-Know-how

Von der richtigen Fruchtsorte über die bunte Füllung bis hin zum harmonischen Begleiter – mit unseren Tipps und Tricks gelingt euch die beliebte Leckerei garantiert perfekt. Sogar im Varoma®!

DER PASSENDE APFEL

Nicht alle Apfelsorten eignen sich zum Backen. Entscheidend für einen gelungenen Bratapfel sind Konsistenz und Geschmack der gegarten Frucht. Werden die Äpfel im heißen Ofen gebacken, sollte das Fruchtfleisch zwar schön weich werden, aber dennoch seine Form behalten, ohne komplett zu zerfallen. Besonders zart gelingen eure Bratäpfel mit der Sorte Boskop. Gerade bei Rezepten mit viel Zucker oder Honig sorgen säuerliche Apfelsorten für einen geschmacklichen Ausgleich, zum Beispiel Jonagold oder Glostar. Zudem sollten die Äpfel nicht allzu klein sein, da sie zum Befüllen ausgehöhlt werden müssen.

AUSHÖHLEN

Äpfel lassen sich am besten mit einem Teelöffel aushöhlen. Entfernt zuallererst vorsichtig das Kerngehäuse, dafür könnt ihr auch einen Apfelentkerner verwenden. Danach mit dem Löffel etwas Fruchtfleisch ausschaben, sodass eine großzügige Mulde zum Befüllen entsteht. Ihr solltet einen 1–2 cm dicken Rand lassen, damit die Äpfel stabil bleiben.

VIELLEICHT MAL HERZHAFT?

Kein Scherz – Bratäpfel schmecken auch mit pikanter Füllung! Zerkleinert dafür 70 g Bergkäse **5 Sek. | Stufe 7** im . Anschließend höhlt ihr 4 Äpfel (Boskop, Jonathan oder Elstar) aus und gebt das Fruchtfleisch mit 80 g gewürfeltem Schwarzwälder Schinken in den . Alles für **5 Sek. | Stufe 4** zerkleinern. Etwas Thymian hinzufügen, vermengen und in die Äpfel füllen. Die Äpfel in eine Auflaufform setzen und im vorgeheizten Backofen etwa 25 Min. backen. Herausnehmen, abkühlen lassen und genießen.

BLITZSCHNELLE FÜLLUNG

Wenn es mal richtig schnell gehen soll, füllt eure Bratäpfel doch einfach mit Erdnussbutter!

Für 4 Äpfel verwendet ihr etwa 60 g davon. Besonders cremig wird diese Ratz-fatz-Füllung, wenn ihr die Erdnussbutter mit etwas geschlagener Sahne im vermengt. Nach dem Backen könnt ihr die Bratäpfel noch mit Schokoladenraspeln bestreuen und fertig ist das Blitzdessert.

Basis REZEPTE

VANILLESOSSE - DER PERFEKTE PARTNER

KLASSISCHE VANILLESOSSE

00 20 std : min

LOW CARB LOW FAT

PRO PORTION (50 ML):
159 KCAL | 3 G E | 15 G F | 4 G KH
ZUTATEN FÜR 1 FLASCHE À 330 ML

1 Vanilleschote längs halbieren, das Mark herauslösen. Beides mit 250 g Sahne in den geben und **3 Min. | 100 °C | | Stufe 1** aufkochen. Auf 80 °C abkühlen lassen und die Vanilleschote entfernen. Den Rühraufsatz einsetzen. 3 Eigelb, 2 EL Zucker sowie 1 Prise Salz dazugeben und die Soße **6 Min. | 80 °C | Stufe 4** erhitzen. Soße umfüllen und erkalten lassen, anschließend in den Kühlschrank stellen. Die fertige Soße hält sich gekühlt aufgrund der frischen Eigelbe maximal 2 Tage.

VEGANE VANILLESOSSE

00 10 std : min

LOW CARB LOW FAT

PRO PORTION (50 ML):
59 KCAL | 1 G E | 3 G F | 8 G KH
ZUTATEN FÜR 1 FLASCHE À 600 ML

1 Vanilleschote längs halbieren und Mark herauslösen. Mark mit 400 g Mandelmilch, 100 g Sojasahne, 50 g Agavendicksaft und 40 g Stärke in den geben und **4–5 Min. | 100 °C | Stufe 3** kochen lassen. Anschließend **20 Sek. | Stufe 5** aufschäumen und etwas abkühlen lassen. Danach servieren. Innerhalb von 3–4 Tagen aufbrauchen.

BACKEN ODER DAMPFGAREN

Aus dem Ofen

Traditionell werden Bratäpfel im Ofen gebacken. Bei ca. 180 °C Umluft sind sie, je nach Größe und Apfelsorte, nach 20–30 Minuten fertig. Wenn ihr schöne Röstaromen wollt, ist das die richtige Methode!

Aus dem Varoma®

Äpfel lassen sich wunderbar dämpfen! Setzt die Früchte nebeneinander in den Varoma®, füllt Wasser in den [Mixtopf] und dämpft sie 15–20 Min., je nach Größe. Mit dieser Variante werden eure Bratäpfel zu einem All-in-one-Gericht. Das spart Zeit und Abwasch!

TOPPING-IDEEN

Crumble
gehackte Kerne
Krokant
Mini-Marshmallows
Nüsse
Rosinen
Schlagsahne
Schokolade
Vanillesoße oder -eis

BRATÄPFEL MIT GRIESSFÜLLUNG

00 40 std : min

LOW CARB LOW FAT

PRO PORTION: 450 KCAL | 8 G E | 16 G F | 72 G KH

ZUTATEN FÜR 4 PERSONEN

- ★ 50 g Mandelkerne
- ★ 250 g Milch
- ★ 80 g Dinkelgrieß
- ★ Mark von 1 Vanilleschote
- ★ 75 g Zucker
- ★ 1 Prise Salz
- ★ 30 g Butter zzgl. etwas mehr zum Fetten der Form
- ★ 1 TL Zimtpulver
- ★ 50 g Rosinen
- ★ 4 Äpfel
- ★ Saft von 1 Zitrone

1 | Mandelkerne im [Mixtopf] **3 Sek. | Stufe 5** hacken, umfüllen. Mandeln in einer Pfanne ohne Fett goldbraun rösten.

2 | Für die Füllung Milch, Grieß, Vanillemark, Zucker sowie Salz in den [Mixtopf] geben und **7 Min. | 90 °C | Stufe 2** garen. Mandeln, 30 g Butter und Zimt zufügen, **20 Sek. | Stufe 4** verrühren. Die Rosinen mit dem Spatel untermischen.

3 | Backofen auf 180 °C Umluft vorheizen. Auflaufform mit etwas Butter fetten. Äpfel waschen, jeweils 1 Deckel abschneiden, diesen beiseitelegen, die Früchte mit einem Ausstecher vom Kerngehäuse befreien. Mit Zitronensaft beträufeln.

4 | Grieß in die ausgehöhlten Äpfel füllen und diese in die vorbereitete Auflaufform setzen. Etwa 20 Min. im heißen Ofen backen. Dann die Apfeldeckel aufsetzen und weitere 5 Min. backen. Aus dem Ofen nehmen und servieren.

Fotos: Archiv (1); Getty Images/iStock/Getty Images Plus/AlekZotoff (1); Katharina Küllmer (1) | Illustrationen: Getty Images/Thoth_Adan(1), Olga Andreevna Shevchenko(1),Archiv(1)

Spekulatiustaler
Rezept auf Seite 62

So schmeckt Weihnachten

AROMENWUNDER ZUM GENIESSEN

Gewürze stehen rund um die Adventszeit im Mittelpunkt. Ihnen haben wir diese Plätzchen und Snacks gewidmet. Jede Leckerei duftet bereits beim Zubereiten verführerisch. Wartet ab, bis sie abgekühlt sind und ihr die ersten kostet …

Foto: Oliver Hauser (1) | Illustrationen: Archiv (1)

Gewürzmuffins mit Ahornsirup
Rezept auf Seite 62

Nougatkipferl
Rezept auf Seite 64

Fotos: Tina Bumann (1); Marie-Therese Cramer (1)

KNUSPRIG UND WÜRZIG –
DA GREIFT JEDER GERN HÄUFIGER ZU!

Pikante Nussmischung
Rezept auf Seite 64

Foto: Jorma Gottwald (1)

Spekulatiustaler

01 00 std : min

PRO STÜCK: 60 KCAL | 1 G E | 3 G F | 6 G KH

ZUTATEN FÜR 50 STÜCK

- ★ 100 g Zucker
- ★ Abrieb und Saft von ½ unbehandelten Orange
- ★ 125 g kalte Butter, in Stücken
- ★ 1 Prise Salz
- ★ 190 g Mehl Type 405 zzgl. etwas mehr zum Bearbeiten
- ★ 30 g Stärke
- ★ 1 TL Weinstein-Backpulver
- ★ 20 g kaltes Wasser
- ★ 3 TL Spekulatiusgewürz
- ★ 50 g gemahlene Mandelkerne
- ★ 1 EL Milch
- ★ 75 g Mandelblättchen

1 | Zucker mit Orangenschale in den geben, **10 Sek. | Stufe 10** pulverisieren und mit dem nach unten schieben.

2 | Butter, Salz, Mehl, Stärke, Backpulver, Wasser, Spekulatiusgewürz, 2 EL Orangensaft sowie gemahlene Mandeln zufügen und **15 Sek. | Stufe 5** verkneten. Den Teig aus dem nehmen und auf einer bemehlten Arbeitsfläche zu 2 Rollen (je 25 cm Länge) formen, in Frischhaltefolie wickeln und mind. 3 Std. kalt stellen. Am Ende dieser Zeit den Backofen auf 190 °C Ober-/Unterhitze vorheizen und zwei Bleche mit Backpapier belegen.

3 | Nun die Teigrollen aus der Frischhaltefolie wickeln, dünn mit Milch bestreichen, in den Mandelblättchen wälzen und die Blättchen kräftig andrücken. Teigrollen mit einem scharfen Messer in Scheiben (1 cm) schneiden, auf einer Seite dünn mit Milch bestreichen, in die Mandelblättchen drücken und auf die vorbereiteten Backbleche legen. Kekse auf der mittleren Schiene 12–13 Min. backen. Bleche aus dem Ofen nehmen und auf einem Gitter abkühlen lassen. Servieren oder in Keksdosen zwischen Pergamentpapier lagern.

Gewürzmuffins mit Ahornsirup

00 45 std : min

PRO STÜCK: 474 KCAL | 9 G E | 17 G F | 71 G KH

ZUTATEN FÜR 6 STÜCK

- ★ 100 g getrocknete Ananas
- ★ 50 g Rosinen
- ★ 100 g weiche Butter, in Stücken, zzgl. etwas mehr zum Fetten der Form
- ★ 50 g Rohrzucker
- ★ ½ TL Zimtpulver
- ★ ½ TL Lebkuchengewürz
- ★ 2 Eier
- ★ 100 g Ahornsirup
- ★ 150 g Milch
- ★ 300 g Mehl Type 405
- ★ 2 TL Backpulver
- ★ 1 Prise Salz
- ★ Puderzucker zum Bestäuben

1 | Mulden des Muffinblechs mit etwas Butter einfetten oder mit Papierförmchen auslegen. Backofen auf 180 °C Ober-/Unterhitze vorheizen.

2 | Ananas im für **5 Sek. | Stufe 6** zerkleinern. Umfüllen und mit den Rosinen mischen.

3 | Butter mit Zucker, Zimt und Lebkuchengewürz in den geben und **3 Min. | Stufe 4** cremig schlagen. **2 Min. | Stufe 4** weiterschlagen und dabei die Eier nach und nach durch die Deckelöffnung dazugeben. Ahornsirup und Milch zufügen und **1 Min. | Stufe 4** unterrühren.

4 | Mehl mit Backpulver und Salz mischen, in den geben und **2 Min. | Stufe 4,5** unterrühren. Die Früchte vorsichtig mit dem unterheben.

5 | Teig in die vorbereiteten Muffinformen füllen. Muffins im heißen Ofen 20–25 Min. backen. Aus dem Ofen nehmen und auf einem Kuchengitter auskühlen lassen. Vor dem Servieren mit etwas Puderzucker bestäuben.

Marzipankissen

00 55 std : min

PRO STÜCK: 124 KCAL | 2 G E | 7 G F | 12 G KH

ZZGL. 2 STD. 15 MIN. RUHEZEIT

ZUTATEN FÜR 40 STÜCK

- ★ 120 g Zucker
- ★ 300 g Mehl Type 405 zzgl. etwas mehr zum Ausrollen
- ★ 1 Prise Salz
- ★ 200 g kalte Butter, in Stücken
- ★ 2 Eigelb
- ★ 300 g kalte Marzipanrohmasse, in Stücken
- ★ 2 Eiweiß
- ★ 2 EL Zitronensaft
- ★ 8 Tropfen Bittermandelaroma

1 | Zucker in den geben, **10 Sek. | Stufe 10** pulverisieren und mit dem nach unten schieben. 20 g Puderzucker herausnehmen, beiseitestellen. Mehl, Salz, Butter, Eigelb in den füllen, **40 Sek. |** mithilfe des verkneten. Teig auf einer bemehlten Fläche zu einem Rechteck (ca. 20 × 15 cm) formen, in Frischhaltefolie gewickelt 2 Std. kalt stellen.

2 | Marzipan, Eiweiß, Zitronensaft sowie Backaroma in den sauberen geben und **40 Sek. | Stufe 4** zu einer cremigen Masse rühren.

3 | Teig quer in 4 gleich große Streifen schneiden. Teigstreifen auf einer dünn bemehlten Arbeitsfläche jeweils der Länge nach zu 3 mm dünnen und ca. 8 cm breiten Streifen ausrollen. Am besten mit einer Palette von der Arbeitsfläche lösen und auf einem bemehlten Brett 15 Min. kalt stellen.

4 | 2 Bleche mit Backpapier belegen. Backofen auf 180 °C Ober-/Unterhitze vorheizen. Mithilfe eines Löffelrückens jeweils ¼ der Marzipanmasse auf den Teigstreifen verstreichen. Die Streifen der Länge nach aufrollen und in 2 cm breite Stücke schneiden.

5 | Mit der Teignaht nach unten auf die vorbereiteten Backbleche geben. Plätzchen nacheinander auf der mittleren Schiene 12–14 Min. goldgelb backen. Auf den Blechen abkühlen lassen. Mit dem beiseitegestellten Puderzucker bestäuben.

Marzipankissen
Rezept siehe linke Seite

Fotos: Matthias Haupt (1)

Nougatkipferl

01 40 std : min

PRO STÜCK: 79 KCAL | 1 G E | 4 G F | 9 G KH

ZUTATEN FÜR 40 STÜCK

- ★ **100 g weiche Butter, in Stücken**
- ★ **200 g Nussnougatmasse, in Stücken**
- ★ **3 TL chinesisches Fünf-Gewürze-Pulver**
- ★ **1 Prise Salz**
- ★ **300 g Mehl Type 405 zzgl. etwas mehr zum Bearbeiten**
- ★ **½ TL Backpulver**
- ★ **1 Ei**
- ★ **2 EL Puderzucker**

1 | Butter, Nussnougat, Fünf-Gewürze-Pulver, Salz, Mehl, Backpulver sowie Ei in den Mixtopf geben und mithilfe des Spatels **25 Sek. | Stufe 5** kneten. Teig auf einer leicht bemehlten Arbeitsfläche mit den Händen verkneten, halbieren und zu zwei je 30 cm langen Rollen formen.

2 | Backofen auf 180 °C Ober-/Unterhitze vorheizen. 2 Bleche mit Backpapier belegen.

3 | Teigrollen in Stücke schneiden, erst zu Kugeln, dann zu Kipferln formen und auf die vorbereiteten Backbleche setzen. Kipferl auf der mittleren Schiene 12 Min. backen.

4 | Kipferl auf den Backblechen vollständig abkühlen lassen, dann mit Puderzucker bestäuben und servieren oder zwischen Backpapierlagen in einer Keksdose aufbewahren. So sind sie etwa 6 Wochen haltbar.

>TIPP Das Fünf-Gewürze-Pulver findet ihr im Handel oder online auch unter dem englischen Namen „Five Spice". Wenn ihr kein Fünf-Gewürze-Pulver habt oder bekommt, könnt ihr stattdessen 3 TL Lebkuchengewürz verwenden.

Pikante Nussmischung

01 20 std : min

PRO PORTION: 241 KCAL | 7 G E | 21 G F | 9 G KH

ZUTATEN FÜR 15 PORTIONEN

- ★ **Abrieb und Saft von 1 unbehandelten Limette**
- ★ **20 g Meersalz**
- ★ **40 g Zucker**
- ★ **2 Eiweiß**
- ★ **3 TL mittelscharfes Currypulver**
- ★ **1 TL Zimtpulver**
- ★ **1 TL Chiliflocken**
- ★ **600 g Nusskernmischung**

1 | Backofen auf 180 °C Ober-/Unterhitze vorheizen. Ein Backblech mit Backpapier belegen. Limettenschale, Salz sowie Zucker in den Mixtopf geben, **20 Sek. | Stufe 10** zerkleinern und umfüllen. Mixtopf spülen.

2 | Den Rühraufsatz einsetzen. Eiweiße in den Mixtopf geben und für **1 Min. | Stufe 2,5** aufschlagen. Currypulver, Zimt, Chiliflocken, Salzmischung sowie 20 g Limettensaft zufügen und **20 Sek. | Stufe 2,5** unterrühren. Rühraufsatz entfernen.

3 | Die Nüsse zugeben und **20 Sek. | Linkslauf | Stufe 2** untermischen. Nussmischung auf dem vorbereiteten Blech verteilen und auf der mittleren Schiene 25 Min. rösten. Dabei die Nüsse alle 5 Min. wenden. Gewürznüsse auf dem Blech vollständig abkühlen lassen und servieren oder in eine fest schließende Dose füllen. Zum Verschenken die Gewürznüsse in kleine Becher, Tüten oder Schachteln füllen.

>TIPP Wichtig ist, dass die Nüsse beim Rösten gewendet werden, so bräunen sie gleichmäßig. Die Nüsse halten sich luftdicht verpackt etwa 4 Wochen.

Backzutaten mixen

Ganz easy selbst gemacht: herrliche Gewürze, Aromazucker, Vanillepaste und Marzipan zum Backen und Verfeinern

SPEKULATIUSGEWÜRZ

00 05 std : min

LOW CARB LOW FAT

PRO PORTION (1 TL): 15 KCAL | 0 G E | 0 G F | 3 G KH
ZUTATEN FÜR 1 GLAS À 30 ML

1 TL Zimtpulver, 1 ½ TL Anissamen, ¾ TL frisch gemahlener weißer Pfeffer, ¾ TL Ingwerpulver, 1 TL Koriandersamen, 1 TL Kardamompulver, ¼ frisch geriebene Muskatnuss und 8 Gewürznelken in den geben. Den Garkorb einsetzen, um zu vermeiden, dass die Gewürze beim Zerkleinern herumfliegen. Gewürze **20 Sek. | Stufe 10** zerkleinern. Das Gewürz in ein kleines Glas füllen und an einem trockenen Ort lagern. So hält es sich bis zu einem Monat.

ZIMTPULVER

100 g Zimtstangen pulverisieren:

30 Sek. | Stufe 10

MARZIPAN

00 05 std : min

LOW CARB LOW FAT

PRO 100 G: 495 KCAL | 13 G E | 28 G F | 52 G KH
ZUTATEN FÜR 230 G

100 g Zucker **15 Sek. | Stufe 10** pulverisieren. 120 g geschälte Mandelkerne zugeben, **10 Sek. | Stufe 8** mahlen. 10 g Rosenwasser, 3 Tropfen Bittermandelaroma zufügen, **10 Sek. | Stufe 9** vermengen. Auf **Stufe 5** weiterrühren, bis eine homogene Masse entsteht. Marzipan nach Belieben weiterverarbeiten.

TROCKENER MIXTOPF

Bei der Zubereitung von Gewürzmischungen muss der absolut trocken sein! Ist noch Feuchtigkeit vorhanden, löst sich der Zucker auf und verklumpt anschließend wieder. Außerdem können feine Gewürze dadurch feucht und im schlimmsten Fall während der Lagerung schlecht werden. Dies gilt übrigens auch für die Gefäße, in die ihr die Mischungen abfüllt.

„LAST CHRISTMAS"-ZUCKER

00 05 std : min

LOW CARB LOW FAT

PRO (1TL): 16 KCAL | 0 G E | 0 G F | 4 G KH
ZUTATEN FÜR 1 GLAS À 270 ML

200 g Zucker, 2 Zimtstangen, 1 TL Kardamomkapseln, 2 TL Anissamen, 1 TL Koriandersamen, 12 Gewürznelken, ¼ Muskatnuss und 6 Pimentkörner in den geben und **40 Sek. | Stufe 10** pulverisieren. Nun in luftdicht verschließbare Schraub- oder Bügelgläser umfüllen. Der aromatische Zucker ist trocken und dunkel gelagert mindestens 1 Jahr haltbar.

KOMBINIEREN NACH LUST UND LAUNE

Gewürzzucker könnt ihr wie gewöhnlichen Zucker zum Verfeinern einsetzen. Mischt dazu 3–4 EL „Last Christmas"-Zucker (Rezept siehe links) in Waffelteig oder Milchreis. Vanillekipferl verwandeln sich dank Kaffeezucker in Windeseile in feine Kaffeekipferl und einfache Plätzchen bekommen einen leckeren Guss aus Zimt- oder Christmas-Zucker verpasst. Werdet kreativ

VANILLEPASTE

00 15 std : min

LOW CARB LOW FAT

PRO PORTION (1 TL): 15 KCAL | 0 G E | 0 G F | 4 G KH
ZUTATEN FÜR 1 GLAS À 460 ML

15 Vanilleschoten in 1 cm langen Streifen und 400 g Rohrohrzucker in den geben **1 Min. | Stufe 10** mixen. Mit dem nach unten schieben. 20 g Glukosesirup, 20 g Wasser und 1 Prise grobes Meersalz zufügen und **10 Min. | 100°C | Stufe 2** kochen. Anschließend in ein steriles Glas füllen und gut verschließen. Im Kühlschrank gelagert hält sich die intensive Aromapaste mehrere Monate.

>**TIPP** Vanillepaste ersetzt in Rezepten den Vanillezucker bzw. den Vanillinzucker. Verwendet anstelle 1 Päckchens 1 TL der selbst gemachten Paste.

Fotos: Getty Images/iStock/Getty Images Plus/Mizina (1); Archiv (1); Katharina Küllmer (1) | Illustrationen: Archiv

Glühweinlikör
Rezept auf Seite 68

Zeit für festliche Liköre

Liköre mit herrlich weihnachtlichen Geschmacksrichtungen wie Glühwein, Stollen und Spekulatius könnt ihr mit dem Thermomix® ganz einfach zubereiten. Seht hier, wie! Perfekt zum Anstoßen mit lieben Gästen oder zum Weiterverschenken

Fotos & Styling: Annamaria Zinnau

Glühweinlikör

00 25 std : min

PRO PORTION (2 CL): 40 KCAL | 0 G E | 0 G F | 9 G KH
ZUTATEN FÜR 4 FLASCHEN À 350 ML

- 700 g Glühwein
- 40 g Zitronensaft
- ½ unbehandelte Orange, in Scheiben
- 350 g brauner Zucker
- 1 Zimtstange
- 2 Gewürznelken
- 400 g Korn

Glühwein, Zitronensaft, Orangenscheiben, Zucker und Gewürze in den Mixtopf geben und **20 Min. | 70 °C | Stufe 2** erhitzen. Die Orangenscheiben, Zimtstange und Nelken herausnehmen. Den Korn zugießen und den Likör **20 Sek. | Stufe 4** verrühren. In Flaschen abfüllen und dunkel lagern.

> TIPP Wenn ihr den Likör an einem dunklen Ort aufbewahrt, hält er sich etwa 3 Monate.

Stollenlikör

00 15 std : min

PRO PORTION (2 CL):
58 KCAL | 0 G E | 1 G F | 4 G KH
ZZGL. 2 WOCHEN RUHEZEIT
ZUTATEN FÜR 2 FLASCHEN À 400 ML

- 100 g Mandelblättchen
- 80 g Rosinen
- Schale von ½ unbehandelten Orange
- Schale von ½ unbehandelten Zitrone
- 120 g brauner Zucker
- 1 Vanilleschote
- 1 Zimtstange
- 3 Pimentkörner
- ¼ TL Muskatblütenpulver
- ½ TL Kardamompulver
- 700 g brauner Rum

1 Die Mandeln in den Mixtopf geben und **3 Min. | 100 °C | Stufe 2,5** anrösten. Die Rosinen mit der Orangen- sowie Zitronenschale zufügen und **5 Sek. | Stufe 10** zerkleinern.

2 Die übrigen Zutaten hinzugeben und alles **10 Min. | 60 °C | Stufe 1** erwärmen. Dann in ein verschließbares Gefäß umfüllen und den Likör für 2 Wochen ziehen lassen. Durch ein sehr feines Sieb oder Passiertuch gießen und in 2 saubere Flaschen abfüllen.

> TIPP Der Likör ist kühl und dunkel gelagert etwa 3 Monate haltbar.

Vera

Liköre zu verschenken finde ich genial – sie lassen sich entspannt frühzeitig vorbereiten und die dekorierten Fläschchen sind noch dazu echte Hingucker. Zur Weihnachtszeit verwende ich natürlich typische Adventsaromen für die Leckereien.

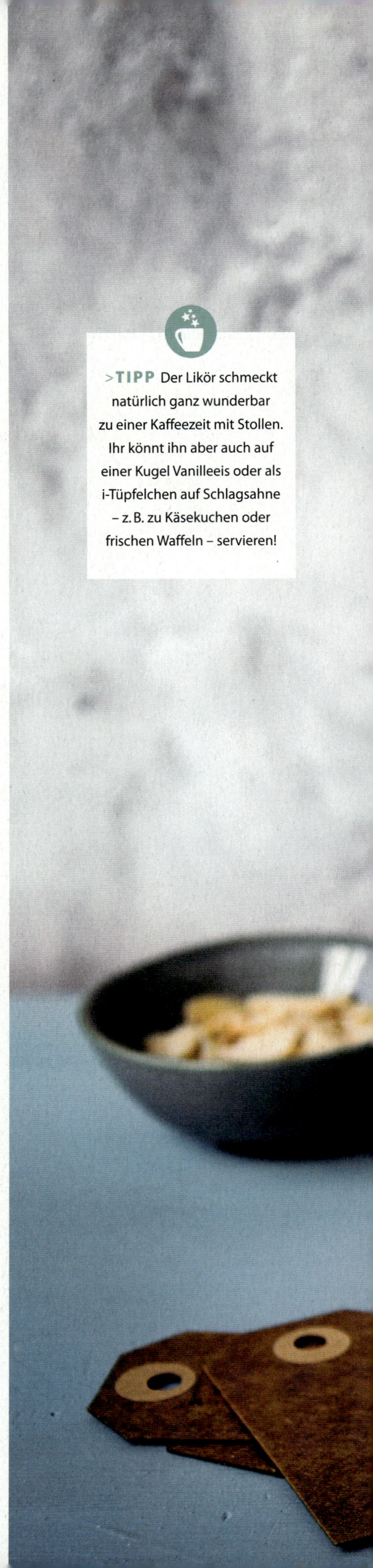

> TIPP Der Likör schmeckt natürlich ganz wunderbar zu einer Kaffeezeit mit Stollen. Ihr könnt ihn aber auch auf einer Kugel Vanilleeis oder als i-Tüpfelchen auf Schlagsahne – z. B. zu Käsekuchen oder frischen Waffeln – servieren!

Wir mixen, ihr könnt entspannt zusehen!
WWW.ZAUBERTOPF.DE/YOUTUBE

Fotos: Archiv (4

Spekulatiuslikör

00 | 30 std : min

LOW CARB LOW FAT

PRO PORTION (2 CL):
52 KCAL | 1 G E | 3 G F | 3 G KH
ZUTATEN FÜR 4 FLASCHEN À 600 ML

- **200 g Gewürzspekulatius**
- **500 g Sahne**
- **600 g Milch**
- **80 g Puderzucker**
- **1 EL Zimtpulver**
- **1 EL Kakaopulver**
- **300 g weißer Rum**

1 | Gewürzspekulatius in den Mixtopf geben und **10 Sek. | Stufe 10** mahlen. Sahne, Milch, Puderzucker, Zimt sowie Kakaopulver zufügen und alles **12 Min. | Stufe 2,5** aufkochen lassen.

2 | Die Flüssigkeit auf mind. 70 °C abkühlen lassen. Dann den Rum zugießen. In sterile Flaschen füllen und im Kühlschrank aufbewahren. Vor dem Genießen gut schütteln.

>**TIPP** Im Kühlschrank gelagert hält sich der Likör etwa 4 Wochen.

mein ZauberTopf Club

5000 REZEPTE VON MEIN ZAUBERTOPF FÜR DICH UND DEINEN THERMOMIX®
SORGEN FÜR NOCH MEHR ABWECHSLUNG, MIX-SPASS UND GENUSS

LOW CARB

SCHNELLE REZEPTE

ALL IN ONE

KIDS

BROTE & KUCHEN

PASTAGERICHTE

DAS BIETET DIR DER ONLINE-CLUB FÜR THERMOMIX® NUTZER

- **ÜBER 5000 REZEPTE** für den Thermomix® – und wöchentlich werden es mehr
- **VIELE GENIALE BACKREZEPTE** für jeden Hobbybäcker, der Kuchen und Kekse liebt
- **PRAKTISCHER KOCHMODUS** für die schnelle Umsetzung deiner Rezepte
- **SCHNELL UND EINFACH** bequeme Suche nach Rezept, Kategorie oder Zutaten
- **RIESIGE VIELFALT** etliche Kollektionen mit unseren besten Rezepten
- **GANZ BEQUEM** im Monats-Abo jederzeit zum Folgemonat kündbar
- **BLICK IN UNSERE KÜCHE** tolle Videos mit Anleitungen, Tipps und Rezepten rund um Thermomix®
- **KOSTENLOS** alle Magazine und Bücher von **mein ZauberTopf** gratis als Digitalausgabe lesen (jährlich über 100 € Ersparnis gegenüber dem Kauf)

Werde jetzt Mitglied im **mein ZauberTopf**-Club und erhalte rund um die Uhr Zugriff auf über 5000 Rezepte.
Einfach anmelden, 31 Tage kostenlos testen und anschließend im Jahresabo für nur 3 Euro im Monat alle Vorzüge genießen!

JETZT ANMELDEN: WWW.ZAUBERTOPF-CLUB.DE

mein ZauberTopf ist eine Publikation aus dem Hause falkemedia und steht in keinerlei Verbindung zu den Unternehmen der Vorwerk-Gruppe. Die Marken „Thermomix®", „TM5®" und „Varoma®" sowie die Produktgestaltungen des „Thermomix®" sind eingetragene Marken der Unternehmen der Vorwerk-Gruppe. Für die Rezeptangaben in **mein ZauberTopf** ist ausschließlich falkemedia verantwortlich.

Süß verziert

Für den Weihnachtsbaum oder als zarte Präsentanhänger – solch süße Deko bekommt doch jeder gern geschenkt

Foto & Styling: Anna Gieseler

Zuckersüße Baiserkringel

01|00 std : min

LOW CARB LOW FAT

PRO STÜCK: 38 KCAL | 1 G E | 0 G F | 9 G KH
ZUTATEN FÜR 35 STÜCK

- **250 g Puderzucker**
- **5 Eiweiß**
- **Saft von ½ Zitrone**
- **3–4 EL Rhabarbersirup, Himbeersirup oder Rote-Bete-Saft**
- **bunte Zuckerperlen**

1 | Backofen auf 120 °C Ober-/Unterhitze vorheizen. Den Puderzucker in den Mixtopf geben, **40 Sek. | Stufe 10** pulverisieren und umfüllen.

2 | Den Rühraufsatz in den Mixtopf einsetzen. Eiweiße in den Mixtopf geben und **4 Min. | Stufe 3,5** steif schlagen. Dann den Puderzucker langsam einrieseln lassen, dabei auf **Stufe 3,5** weiterschlagen, bis der Eischnee weiß glänzt. Zitronensaft sowie Sirup bzw. Saft nach Wahl zufügen und **30 Sek. | Stufe 3,5** unterrühren.

3 | Eischnee in einen Spritzbeutel mit Stern- oder Rundtülle geben und Kringel auf mit Backpapier belegte Bleche spritzen. Nach Belieben mit bunten Zuckerperlen garnieren. Blechweise im heißen Backofen 15–18 Min. backen. Herausnehmen und auf einem Rost vollständig abkühlen lassen. Luftdicht in Dosen verpackt verwahren oder mit Bändern versehen und als essbare Dekoration für Geschenke oder Adventsgestecke verwenden.

>TIPP Für Extra-Knusper noch 1–2 EL fein gemahlene Mandeln unter die Baisermasse heben!

>TIPP Der Rühraufsatz schlägt die perfekte Baisermasse für euch. Beachtet, dass ihr ihn stets nur bis zur **Stufe 4** verwendet, da er sich bei höheren Umdrehungen vom Messer lösen würde.

ZAUBERTOPF SHOP

JETZT BESTELLEN

Ihr braucht noch ein paar Geschenke? Im ZauberTopf-Shop findet ihr unser speziell für den Thermomix® empfohlenes Zubehör, Lebensmittel sowie Koch- und Backbücher mit Rezepten exklusiv für euren Zaubertopf

SILIKON-BEUTEL

Silikon, 3 Größen, ab 13,55 Euro

Lebensmittel lagern, portionsweise Speisen einfrieren, Sous-vide garen oder marinieren: In den neuen luftdicht verschließbaren und wiederverwendbaren Beuteln ist all das möglich. Anschließend einfach in den Geschirrspüler geben. Lebensmittelecht und nachhaltig. Verfügbar in den Farben „Raspberry", „Aqua" und „Clear".

100 %
MASSIVHOLZ

THERMOSLIDER® H V2 PLUS

Für TM6 & TM5®, 58,39 Euro

Der neue ThermoSlider® H V2 Plus mit 4 Gummistoppern besteht aus ökologischem Buchenholz. In seinen 3 Vertiefungen auf der Oberseite sind die Füße des Thermomix® perfekt platziert, so kann er nicht verrutschen. Der Slider selbst lässt sich samt Thermomix® auf den Teflongleitern mühelos mit einer Hand auf der Arbeitsfläche bewegen, so wird die empfindliche Waage geschont.

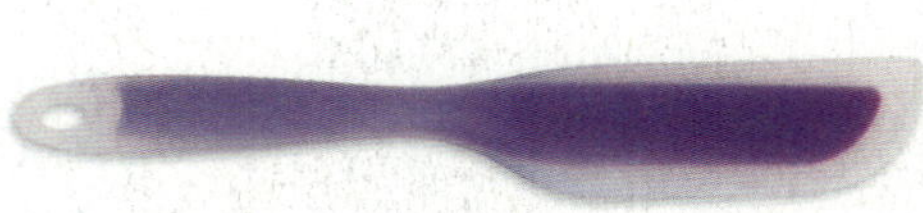

THERMISPATEL®

Ab 9,70 Euro

Liegt perfekt in der Hand, hat keine Nahtstellen, ist extrem biegsam und dabei so schmal, dass er vor allem schwere und feste Teige aus dem Mixtopf hebt – ideal also für die Weihnachtsbäckerei! Erhältlich in den Farben Lila und Grün.

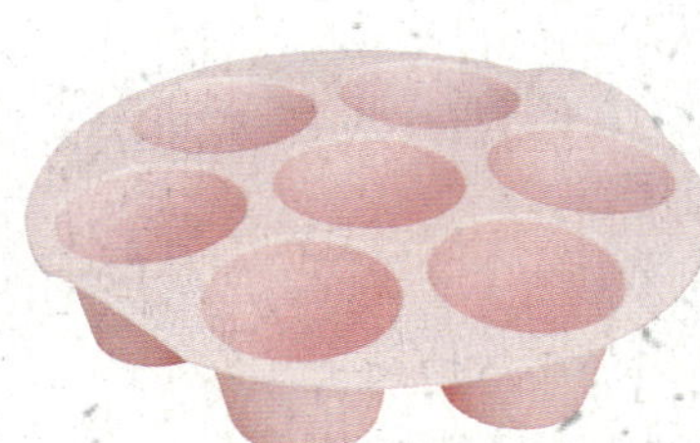

VAROMA® SILIKON-MUFFINFORM

7-Mulden-Backform, 12,53 Euro

Mit ihrer Passform eignet sich die Backform für das Dampfgaren im Varoma® – bereitet darin saftige Muffins oder pikante Küchlein und Omeletts sowie kleine Eisportionen zu! Lebensmittelechtes Silikon.

JETZT BESTELLEN: **WWW.SHOP.ZAUBERTOPF.DE**

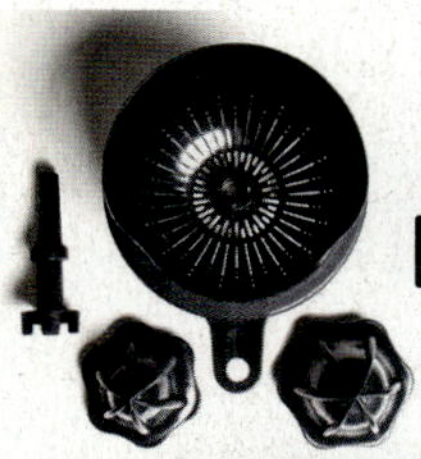

NEUHEIT:
JETZT BESTELLEN!

SAFTPRESSE

Für TM6, TM5®/Silikon, 39,95 Euro

Anstelle des Mixtopfdeckels aufsetzen, Zitrusfrüchte von Limette bis Grapefruit daraufdrücken und bis zu 2 Liter Saft in einem Durchgang 70 % schneller als üblich entsaften – mit der Hilfe des Thermomix®!

WUNDERSTEAM®

Für TM6, TM5® & TM31, 12,62 Euro

Wie ein Kamin lässt der WunderSteam® den aufsteigenden Dampf konzentriert nach oben steigen. Der Varoma® kann so mit mehr Zutaten befüllt werden, die gleichmäßig gegart werden.

BELIEBTES
ZUBEHÖR

CALOTTI® DREHKELLEN-SPATEL

19,45 Euro

Der Calotti® lässt sich direkt zwischen die Messer im Mixtopf stellen und entlang des Topfrands führen, sodass alle wertvollen Speisen einfach entnommen und umgefüllt werden können.

WUNDERCAP®

Für TM6, TM5®, TM31, 19,80 Euro

Der WunderCap® ersetzt das Mixmesser im Mixtopf, sodass der Garraum bis zu 20 Prozent mehr Volumen bietet. Perfekt, um Fleisch zart Sous-vide zu garen, große Mengen Salzkartoffeln, Nudeln oder Spaghetti zu kochen, die sich nicht mehr ums Messer wickeln! Den WunderCap® könnt ihr perfekt mit den Silikon-Beuteln (siehe linke Seite) kombinieren, um Gemüse, Fisch oder Fleisch mit Gewürzen luftdicht verschlossen im Mixtopf Sous-vide zu garen!

BESTSELLER
DES JAHRES 2020

VAROMA® AUFLAUFFORM

Für TM6, TM5®, TM31/Silikon, 15,95 Euro

Auf der stabilen Silikon-Auflaufform lassen sich Omelett, Tortilla, Pfannkuchen, Fleisch, Fisch, Geflügel und Gemüse auf dem Einlegeboden garen, ohne dass etwas auf Speisen darunter tropft. Die praktischen Griffe helfen dabei, die gegarten Speisen anschließend einfach herauszuheben.

NEUHEIT:
JETZT SICHERN!

Fotos: Archiv

ENDLICH WIEDER DA!
JETZT IN PRAKTISCHER DOSE

NEU: ZAUBERPRISE IN 5 SORTEN

Dose à 200 g, je 8,99 Euro

Würzen, so einfach wie noch nie: Mit den fünf Bio-Gewürzmischungen „Fleisch", „Geflügel", „Gemüse", „Fisch" und „Salat" verleihst du deinen Lieblingsgerichten jeden Tag einen rundum aromatischen Geschmack. 1 Dose ZauberPrise genügt für 100 Portionen. Es werden keine weiteren Gewürze benötigt. Die großen, wiederverschließbaren Dosen bewahren das Aroma und machen das teelöffelweise Entnehmen besonders leicht. Die edlen Designs machen jede Dose zu stilvollen Hinguckern in der Küche. Speziell entwickelt und getestet für das Kochen mit dem Thermomix®.

> TIPP Das 5er Set als Weihnachtsgeschenk – auch für Hobbyköche ohne Thermomix® geeignet!

GOLD-EDITIONEN „ONE POT" & „ALL IN ONE"

Je 144 Seiten, je 8,99 Euro

Die Sammelbände im handlichen Kochbuchformat passen perfekt ins Bücherregal. Die Rezeptsammlungen präsentieren die besten Gerichte von **mein ZauberTopf** zu den beliebten Kocharten, bei denen nur im Thermomix® – ganz ohne Ofen, Herd oder Pfanne – gekocht wird!

LIMITIERTE AUFLAGE!

WOCHEN-KALENDER 2021

53 All-in-one-Rezepte, 16,90 Euro

Beliebte herzhafte und süße All-in-one-Rezepte mit Schritt-für-Schritt-Anleitungen für jede Woche im neuen Jahr. Auf jedem Kalenderblatt ist reichlich Platz für wichtige Notizen wie Geburtstage, Termine und mehr. Die großen inspirierenden Motive machen Appetit und bringen Farbe in die Küche. Dank der stabilen Öse zum Aufhängen kann der Kalender überall in Szene gesetzt werden.

FLEXISPATEL®

Silikon, 28,5 cm, 13,60 Euro

Der breite Spatel mit biegsamem Kopf wurde entwickelt, um flüssige Inhalte wie Suppen, Eintöpfe, Soßen, Smoothies oder Cremes aus dem Mixtopf zu streichen. Auch perfekt zum Verteilen von Glasuren. Erhältlich ebenso mit 34 cm, in Grün und Lila.

JETZT BESTELLEN: WWW.SHOP.ZAUBERTOPF.DE

NEUHEIT!

NEU: EINFACH SELBST GEMIXT!

260 Seiten, im Einband, 29,90 Euro

Der zweite Band der Reihe „mein ZauberTopf mixt!" bringt 150 Rezepte für selbst gemachte Leckereien mit. Mit den Ideen für Konfitüren, Liköre, Sirups, Essige, Öle, Zucker und Salze, Pralinen sowie Gebäck lässt sich die Vorratskammer im Nu befüllen. So werden fertige Lebensmittel durch Hausgemachtes ersetzt. Alle Leckerbissen eignen sich auch zum Verschenken. Jedes 10-Minuten-Rezept ist extra gekennzeichnet.

DAS BASIS-KOCHBUCH

260 Seiten, im Einband, 29,90 Euro

Die „Bibel" für alle Haushalte mit Thermomix®: Das große Nachschlagewerk hat auf jede Koch- und Backfrage eine Antwort parat. Mit rund 150 Rezepten für jede Lebenslage darf es in der Hausbibliothek nicht fehlen. Jede der 17 Rubriken startet mit einem großen Ratgeber, gespickt mit geheimen Kniffen sowie genialen Anregungen und Ideen zum gelingsicheren Nachmachen. Themen: Grundlagen, All in one, Varoma®, Frühstück, Dips & Aufstriche, Einmachen, Sous vide, Nudelgerichte, Puffer, Salate, Suppen und Eintöpfe, Mitnehmsel, Familienzeit, Desserts, Kaffeezeit, Feste feiern und Weihnachten.

BESTSELLER!

Fotos: Archiv

WWW.SHOP.ZAUBERTOPF.DE

mein ZauberTopf
www.zaubertopf.de

Impressum

mein ZauberTopf ist eine unabhängige Publikation aus dem Hause falkemedia und steht in keinerlei Verbindung zu den Unternehmen der Vorwerk-Gruppe. Die Marken „Thermomix®", „TM5®" und „Varoma®" sowie die Produktgestaltungen des „Thermomix®" sind eingetragene Marken der Unternehmen der Vorwerk-Gruppe. Für die Rezeptangaben in **mein ZauberTopf** ist ausschließlich falkemedia verantwortlich.

Verlag
falkemedia GmbH & Co. KG, An der Halle 400 #1, 24143 Kiel
Tel. +49 431 200 766-0, Fax +49 431 20 07 66 50
E-Mail: info@zaubertopf.de, www.zaubertopf.de

Herausgeber
Kassian Alexander Goukassian (v. i. S. d. P.)

Mitglied der Geschäftsleitung & Ltg. Marketing
Wolfgang Pohl

Chefredakteurin/Teamleitung
Vivien Koitka

Redaktion (redaktion@zaubertopf.de)
Hannah Hold, Svenja Rudolf; Red.-Ass.: Alexandra Jürgensen;
Stud. Aush.: Madeline Bartsch; Praktikantin: Maren Kanitz

Für Rezeptfragen, Korrekturen und Anmerkungen
www.zaubertopf.de/rezept-updates

Rezeptentwicklung
Charlotte Heyn, Vera Schubert, Jennifer Dehen;
Stud. Aush.: Tessa Prignitz, Pia Teßmann, Isabel Prinz;
Koch: Sven Hoevermann

Art-Direktion/Layout
Lara Klemm, Lisza Lange

Grafik und Bildbearbeitung
Mareike Wilke, Sara Wegner, Kathrin Knoll

Lektorat
SchlussBlick

Fotografen dieser Ausgabe
Anna Gieseler, Ira Leoni, Annamaria Zinnau

Abonnementbetreuung
abo@zaubertopf.de, Tel. +49 711 72 52 293,
mein ZauberTopf Abo-Service, Postfach 810640, 70523 Stuttgart

Mediaberatung
Silja Aicher (kontakt@aichermediakontor.de)
Aicher Mediakontor, Tel. +49 40 87 07 44 41

Martin Wetzel (Martin.Wetzel@brmedien.de)
Tel. +49 2241 1774 14, Fax: +49 2241 1774 20

Sascha Eilers (s.eilers@falkemedia.de), Tel. +49 4340 49 93 79,
Mobil: +49 151 53 83 44 12, Fax: +49 4340 49 93 91

Anzeigenkoordination
Dörte Schröder (d.schroeder@falkemedia.de), Tel. +49 431 20 07 66 12

Anzeigenpreise: Siehe Mediadaten 2020 unter www.zaubertopf.de

Produktionsmanagement/Druck
impress GmbH, www.impress-media.de

Vertrieb
VU Verlagsunion KG, Meßberg 1, 20086 Hamburg

Vertriebsleitung
Hans Wies, VU Verlagsunion KG
(hans.wies@verlagsunion.de)

Bezugsmöglichkeiten
Abo, Zeitschriften- und Buchhandel, Bahnhöfe, Flughäfen

Einzelpreis: 5,50 Euro (reguläres Heft), 9,99 Euro (Spezial)
Jahresabonnement: 42,90 Euro
Europäisches Ausland zzgl. 0,90 Euro je Ausgabe.
In den Preisen sind Mehrwertsteuer und Zustellung enthalten.
Bezogen auf 8 Ausgaben im Jahr. Der Verlag behält sich die Veränderung der Erscheinungsfrequenz vor.

Manuskripteinsendung
Manuskripte jeder Art werden gerne entgegengenommen. Sie müssen frei von Rechten Dritter sein. Mit der Einsendung gibt der Verfasser die Zustimmung zum Abdruck des Manuskriptes auf Datenträgern der Firma falkemedia. Ein Einsenden garantiert keine Veröffentlichung. Honorare nach Vereinbarung oder unseren AGB. Für unverlangt eingesandte Manuskripte übernimmt der Verlag keine Haftung.

Urheberrecht
Alle hier veröffentlichten Beiträge sind urheberrechtlich geschützt. Reproduktionen jeglicher Art sind nur mit Genehmigung des Verlages gestattet.

Veröffentlichungen
Sämtliche Veröffentlichungen in dieser Fachzeitschrift erfolgen ohne Berücksichtigung eines eventuellen Patentschutzes. Warennamen werden ohne Gewährleistung einer freien Verwendung benutzt.

Haftungsausschluss
Für Fehler im Text, in Schaltbildern, Aufbauskizzen usw., die zum Nichtfunktionieren führen, wird keine Haftung übernommen.

Datenschutz
Jürgen Koch (datenschutzanfrage@falkemedia.de),
falkemedia GmbH & Co. KG, Abt. Datenschutz,
An der Halle 400 #1, 24143 Kiel

Bei falkemedia erscheinen außerdem die Publikationen LandGenuss, So is(s)t Italien, Mein LandRezept, NaturApotheke, Mac Life, BEAT, DigitalPHOTO, BÜCHER und Die 101 Besten.

© falkemedia, 2020 | www.falkemedia.de | ISSN 2510-392X

falkemedia

Wie in Kindheitstagen

Für unsere Back-Expertin Sophia Handschuh ist jetzt die schönste Zeit des Jahres. Hier verrät sie ihre besten Rezepte für Pfefferkuchen, Christstollen, Heidesand und viele weitere Klassiker aus dem Thermomix®

Rezepte, Fotos & Styling: Sophia Handschuh

Baumkuchen
Rezept auf Seite 82

Sophia

Schon im September geht's in meiner Winterbackstube hoch her. Die Gebäcke, die ich euch hier zeige, gehören für mich dazu, um in Weihnachtsstimmung zu kommen, denn es gab sie schon bei meinen Eltern und Großeltern im Advent.

Pfefferkuchen

Rezept auf Seite 82

Foto: William Reavell (1)

Christstollen

01 00 std : min

LOW CARB LOW FAT

PRO SCHEIBE: 240 KCAL | 5 G E | 9 G F | 35 G KH

ZZGL. 3 STD. RUHEZEIT

ZUTATEN FÜR 20 SCHEIBEN

- **110 g Milch**
- **110 g Wasser**
- **1 EL Trockenhefe**
- **80 g Puderzucker**
- **500 g Mehl Type 550**
- **1 Prise Salz**
- **100 g weiche Butter, in Stücken**
- **50 g Rosinen**
- **50 g Zitronat und Orangeat**
- **50 g gehackte Mandelkerne**
- **100 g Marzipanrohmasse**
- **40 g Butter**
- **100 g Puderzucker**

1 Milch, Wasser, Trockenhefe sowie Puderzucker in den Mixtopf geben und **2 Min. | 37 °C | Stufe 2,5** verrühren.

2 Mehl, Salz und Butter zufügen, **2 Min. |** Teigstufe kneten. Den Teig in eine große Schüssel geben, mit Frischhaltefolie abdecken und 1–2 Std. gehen lassen, bis sich das Volumen verdoppelt hat.

3 Den Teig auf eine bemehlte Arbeitsfläche geben. In der Mitte des Teigs eine Kuhle formen. Rosinen, Orangeat, Zitronat und gehackte Mandeln hineingeben. Mit den Händen einarbeiten, bis ein glatter Teig entsteht, dann mit einem Tuch abdecken und weitere 30 Min. gehen lassen. Aus 1/3 des Marzipans einen Strang (25 cm lang, ca. 1–2 cm Ø) formen. Die restlichen 2/3 des Marzipans zu einem zweiten 25 cm langen Strang (3–4 cm Ø) formen.

4 Den Teig zu einem großen Rechteck von 40 cm × 30 cm ausrollen. Den dünneren Marzipanstrang auf eine kurze Seite des Teigs und den dickeren Marzipanstrang auf die andere kurze Seite des Rechtecks legen. Die Seite mit dem dickeren Marzipanstrang aufrollen, dabei 2/3 des Rechtecks einnehmen. Die andere Seite ebenfalls aufrollen, bis sich beide Seiten treffen. Den Stollen nun noch etwas formen, bis die typische Stollenform entsteht. Auf ein mit Backpapier ausgelegtes Blech legen und mit einem Geschirrtuch abdecken. 30 Min. gehen lassen. In der Zwischenzeit den Backofen auf 190 °C Ober-/Unterhitze vorheizen.

5 Den Stollen 45 Min. backen, bis er hohl klingt, wenn ihr daraufklopft. In der Zwischenzeit den Mixtopf reinigen. Die Butter in den Mixtopf geben, **3 Min. | 55 °C | Stufe 1** zerlassen und in eine kleine Schüssel geben.

6 Sobald der Stollen gebacken ist, zum Abkühlen auf einen Rost legen. Ein Stück Backpapier darunterlegen und den Stollen noch heiß mit der geschmolzenen Butter bestreichen, anschließend sofort mit 50 g Puderzucker bestreuen und trocknen lassen. Den ausgekühlten Stollen mit dem restlichen Puderzucker bestäuben.

Linzer Sterne
Rezept auf Seite 82

>TIPP Um das Johannisbeergelee im Thermomix® zu erwärmen, gebt es in den gespülten und köchelt es **5 Min. | 90 °C | Stufe 2**. Anschließend lässt es sich besonders einfach auf die Plätzchen streichen und wird anschließend wieder fest.

Baumkuchen

00 45 std : min

LOW CARB · LOW FAT

PRO STÜCK: 283 KCAL | 4 G E | 17 G F | 27 G KH
ZUTATEN FÜR 20 STÜCK

- **50 g Mandelkerne**
- **8 Eier, 6 davon getrennt**
- **1 TL Weinsteinbackpulver**
- **1 Prise Salz**
- **260 g weiche Butter, in Stücken**
- **225 g Puderzucker**
- **1 TL Vanillepaste**
- **20 g brauner Rum**
- **150 g Mehl Type 405**
- **100 g Maismehl**
- **20 g Rum zum Beträufeln**
- **200 g Zartbitterschokolade, in Stücken**

1 | Den Backofen auf Grillfunktion vorheizen. Eine Springform (20 cm Ø) mit Backpapier auslegen und beiseitestellen.

2 | Die Mandeln in den Topf geben und **10 Sek.** | **Stufe 10** zerkleinern. In eine kleine Schüssel geben und beiseitestellen. Den Topf spülen.

3 | Den Rühraufsatz einsetzen. 6 Eiweiß mit dem Weinsteinbackpulver in den Topf geben und **3 Min.** | **Stufe 3,5** verquirlen. 2 Eier, 6 Eigelb, Salz, 250 g Butter, Puderzucker, Vanillepaste sowie Rum hinzufügen und **1 Min.** | **Stufe 4** verquirlen.

4 | Mehl, Maismehl sowie beiseitegestellte Mandeln zufügen und **30 Sek.** | **Stufe 4** verquirlen.

5 | 3–4 EL der Teigmischung in die vorbereitete Kuchenform füllen und so verteilen, dass der Boden gerade so bedeckt ist. Je nach Backofen 1–4 Min. grillen, bis der Teig leicht braun ist. Diesen Vorgang so lange mit jweils einer weiteren Schicht von 3–4 EL Teig wiederholen, bis der ganze Teig aufgebraucht ist. Dann nach Belieben den Rum darüberträufeln. Den Kuchen abkühlen lassen und in kleine Würfel schneiden.

6 | Schokolade in den Topf füllen und **5 Sek.** | **Stufe 9** zerkleinern. Rest Butter zufügen, **2 Min.** | **50 °C** | **Stufe 2** schmelzen. In eine Schüssel geben und Kuchenstücke hineintauchen. Auf Backpapier legen, aushärten lassen. Gekühlt servieren.

Pfefferkuchen

00 30 std : min

LOW CARB · LOW FAT

PRO STÜCK: 73 KCAL | 1 G E | 3 G F | 11 G KH
ZUTATEN FÜR 40 STÜCK

- **150 g Zucker**
- **40 g Melasse**
- **150 g Butter, in Stücken**
- **1 Prise Salz**
- **250 g Mehl Type 405 zzgl. etwas mehr zum Bearbeiten**
- **2 TL Lebkuchengewürz**

1 | Den Zucker in den Topf geben und **30 Sek.** | **Stufe 10** pulverisieren, umfüllen. 100 g Puderzucker, Melasse, Butter, Salz, Mehl sowie Lebkuchengewürz in den Topf geben und alles **20 Sek.** | **Stufe 5** vermengen.

2 | Den Teig auf eine leicht bemehlte Oberfläche geben und eine flache Scheibe formen. In Frischhaltefolie einwickeln und 30 Min. in den Kühlschrank legen.

3 | Den Backofen auf 190 °C Ober-/Unterhitze vorheizen. 2–3 Backbleche mit Backpapier auslegen und beiseitestellen.

4 | Den Teig auf einer bemehlten Arbeitsfläche etwa 0,5 cm dick ausrollen. Mit beliebigen Formen ausstechen und auf die vorbereiteten Bleche legen. Dazwischen etwas Abstand lassen. Etwa 10 Min. backen, bis sie leicht golden sind. Zum Abkühlen auf einen Rost legen. Anschließend mit dem restlichen Puderzucker bestäuben.

>TIPP Wer möchte, kann die Kekse auch mit Zuckerguss verzieren. Dafür im 1. Schritt 200 g Puderzucker pulverisieren. Nach dem Auskühlen der Plätzchen 100 g Puderzucker in einem Schälchen mit 1 EL Wasser glatt rühren. In einen Spritzbeutel geben und die Kekse nach Belieben dekorieren. Vor dem Lagern aushärten lassen.

Linzer Sterne

00 30 std : min

LOW CARB · LOW FAT

PRO STÜCK: 125 KCAL | 1 G E | 9 G F | 10 G KH
ZUTATEN FÜR 40 STÜCK

- **Schale von ½ unbehandelten Orange, dünn abgeschält, in Streifen**
- **150 g Zucker**
- **300 g Butter, in Stücken**
- **300 g Mehl Type 405 zzgl. etwas mehr zum Bearbeiten**
- **150 g gemahlene Haselnüsse**
- **½ TL Zimtpulver**
- **1 Prise Nelkenpulver**
- **1 Prise feines Meersalz**
- **1 großes Eigelb**
- **20 g Milch**
- **50 g Johannisbeergelee**

1 | Orangenschale mit Zucker in den Topf geben und **30 Sek.** | **Stufe 10** pulverisieren.

2 | Dann Butter, Mehl, gemahlene Haselnüsse, Zimt, Nelken, Salz, Eigelb sowie Milch zufügen und **20 Sek.** | **Stufe 6** vermengen.

3 | Den fertigen Teig auf eine bemehlte Arbeitsfläche geben und zu einer flachen Scheibe formen. In Frischhaltefolie einwickeln und 30 Min. im Kühlschrank kalt stellen.

4 | Den Ofen auf 190 °C vorheizen. 2–3 Backbleche mit Backpapier auslegen und beiseitestellen.

5 | Den Teig auswickeln und auf einer bemehlten Arbeitsfläche ca. 0,5 cm dick ausrollen. Sternformen ausstechen. Bei der Hälfte der Sterne mittig einen kleinen Kreis ausstechen. Auf die Backbleche legen und jeweils 5–8 Min. backen, bis sie leicht golden sind. Zum Abkühlen auf einen Rost legen.

6 | Zum Dekorieren das Johannisbeergelee in einen Topf geben und bis zum Kochen erhitzen. Sofort vom Herd nehmen und das Gelee mittig auf die Sterne ohne Loch setzen. Die Keks mit Loch darauflegen und aushärten lassen.

Marzipan-Nuss-Ecken

01 | 15
std : min

LOW CARB LOW FAT

PRO STÜCK: 291 KCAL | 5 G E | 16 G F | 31 G KH
ZUTATEN FÜR 36 STÜCK

- ★ 225 g Mehl Type 405
- ★ 75 g Maismehl
- ★ 1 TL Backpulver
- ★ 2 TL Vanilleextrakt
- ★ 2 Eier
- ★ 250 g Butter, in Stücken
- ★ 280 g Puderzucker
- ★ 150 g Aprikosenkonfitüre
- ★ 200 g Marzipanrohmasse
- ★ 20 g Rum
- ★ 400 g gemahlene Mandeln
- ★ 100 g Crème fraîche
- ★ 200 g Zartbitterschokolade

1 | Den Ofen auf 180 °C Ober-/Unterhitze vorheizen. Für die Kekse Mehl, Maismehl, Backpulver, 1 TL Vanilleextrakt, Eier, 125 g Butter sowie 30 g Puderzucker in den ☐ geben und **20 Sek. | Stufe 6** vermischen. Den Teig auf einem mit Backpapier ausgelegten Blech verteilen und gleichmäßig andrücken. Anschließend die Konfitüre darauf verteilen.

2 | Für die Füllung restliche Butter und den Rest Puderzucker **2 Min. | 60 °C | Stufe 3** erwärmen. Marzipan, Rum, Mandeln, Crème fraîche und 1 TL Vanilleextrakt zufügen, **20 Sek. | Stufe 5** vermischen. Mit dem ☐ nach unten schieben und nochmals **20 Sek. | Stufe 5** mixen.

3 | Die Füllung über den mit Konfitüre bestrichenen Teig verteilen. Im Ofen für 45 Min. backen. Aus dem Ofen holen, abkühlen lassen und in Dreiecke schneiden.

4 | Schokolade in den ☐ geben und **7 Sek. | Stufe 9** zerkleinern. Mit dem ☐ nach unten schieben und **2 Min. | 50 °C | Stufe 2** schmelzen. Je 2 Ecken der Nussecken in die Schokolade tunken und abkühlen lassen.

> **TIPP** Variieren könnt ihr den Geschmack der Nussecken, indem ihr eine andere Konfitüre verwendet. Alle Zitrusfruchtmarmeladen harmonieren sehr gut.

GESCHENKTIPPS

Sophias Bücher

In ihren Back- und Kochbüchern gibt Thermomix® Expertin Sophia Handschuh ihr Know-how in einfachen Schritt-für-Schritt-Anleitungen und mit inspirierenden Fotografien weiter

„GUTES BROT"

Mit Sauerteig backen, 27,90 Euro

Perfektes Brot zu Hause mixen? Sophia zeigt, wie es mit Sauerteig und dem Thermomix® gelingt! Das große Nachschlagewerk für Hobbybäcker!

„ÜBUNG MIXT DEN MEISTER"

Basics & Rezepte, 24,90 Euro

In einfachen Schritten zum Thermomix® Profi! Die besten Methoden, praktische Tricks sowie süße und herzhafte Rezepte. So holt man alles aus dem Thermomix® heraus!

„GLUTENFREIE KUCHEN & GEBÄCKE"

Backen mal anders, 14,90 Euro

Sophia Handschuh verleiht jedem Gebäck stets perfekte Konsistenz und Geschmack. Hier zeigt sie himmlische Backrezepte mit besten Zutaten.

MIT DEM THERMOMIX® „GESUND GEMIXT"

Gesund & gut kochen, 14,90 Euro

Frühstücksmuffins, Smoothies, schnelle Mittagsideen aus dem Varoma®, Snacks für zwischendurch und Brot für den Feierabend – alles selbst gemixt!

SÜSSES UND HERZHAFTES „HEISS GEDÄMPFT"

Abwechslungsreiche Rezepte für den Varoma®, 17,90 Euro

Holt den Varoma® aus dem Schrank, denn jetzt wird damit gekocht und gebacken! Gemüse-, Fisch-, Fleisch- und Reisgerichte sowie Brownies, Brote und Desserts ganz einfach dampfgaren.

JETZT BESTELLEN: WWW.SHOP.ZAUBERTOPF.DE

Heidesand

00 45 std : min

LOW CARB LOW FAT

PRO STÜCK: 90 KCAL | 1 G E | 5 G F | 10 G KH
ZZGL. 30 MIN. KÜHLZEIT
ZUTATEN FÜR 40 STÜCK

- **250 g Butter, in Stücken**
- **125 g Puderzucker**
- **1 Prise Salz**
- **1 TL Vanilleextrakt**
- **380 g Mehl Type 405 zzgl. etwas mehr zum Bearbeiten**
- **50 g Hagelzucker**

1 | Butter, Puderzucker, Salz, Vanilleextrakt und Mehl in den Mixtopf geben, **20 Sek. | Stufe 6** mischen. Den Teig auf einer leicht bemehlten Arbeitsfläche verteilen und zu 2 langen Strängen formen (Durchmesser ca. 3 cm). In Frischhaltefolie einwickeln und 30 Min. in den Kühlschrank legen.

2 | Den Backofen auf 190 °C Ober-/Unterhitze vorheizen. 2–3 Bleche mit Backpapier belegen und zur Seite stellen.

3 | Den Teig aus der Frischhaltefolie wickeln und im Hagelzucker wälzen. Die Rolle in 0,5 cm dicke Stücke schneiden und auf die Backbleche verteilen. Etwa 8–10 Min. backen, bis die Plätzchen leicht golden sind. Aus dem Ofen holen und auf einem Kuchengitter auskühlen lassen.

Fotos: Archiv (5)

WEIHNACHTSBÄCKEREI MIT DEM COOKIT VON BOSCH

KNETEN, SCHLAGEN, RÜHREN, ZERKLEINERN, SCHMELZEN ODER RÖSTEN – DER COOKIT ÜBERNIMMT GERN ALLE MÜHSAMEN ARBEITSSCHRITTE FÜR DICH. SO KANNST DU GANZ ENTSPANNT DEINE LIEBLINGSPLÄTZCHEN, STOLLEN UND PRALINEN ZAUBERN

LUST AUF FESTLICHE BROWNIES? IM ADVENT GEBEN WIR EINEN HAUCH ZIMT, ERDNÜSSE UND PISTAZIEN AN DEN KLASSIKER!

SCHOKOLADE HERRLICH CREMIG SCHMELZEN

Der Cookit von Bosch assistiert dir in der Backstube bei allen kniffligen Zubereitungsschritten. Dank des Automatikprogramms zum Schokoladeschmelzen brauchst du kein Wasserbad mehr. Gib die Schokolade deiner Wahl in den XL-Topf und wähle das Programm aus. Das Universalmesser zerkleinert die Zutat in wenigen Sekunden und sorgt dafür, dass beim Erwärmen nichts anbrennt. So gelingen glänzende Glasuren, saftige Kuchen, edles Konfekt, Mousse au Chocolat und vieles mehr himmlisch einfach!

AUTOMATIKPROGRAMME FÜR ALL DEINE TEIGE

Eines von 24 Automatikprogrammen des Cookit ist das Teig-Programm. Wähle zwischen festen, weichen und flüssigen Teigen oder „Teig gehen lassen“. Die Programme bereiten den Teig deiner Wahl ganz automatisch für dich zu, so sparst du dir das Rühren und Kneten. Dank der präzisen Warmhaltefunktion des großen 3-Liter-XL-Topfs ist dein Hefeteig für Stollen oder Hefeschnecken hier zum Gehen perfekt aufgehoben, während du dich um anderes kümmerst.

LASS DIR TEIGE FÜR STOLLEN, BISKUIT, FRÜCHTEBROTE, LEBKUCHEN UND PLÄTZCHEN MÜHELOS VORBEREITEN

Jetzt gleich bestellen!

Was kostet der Bosch Cookit und wo kann ich ihn kaufen?

Der Kaufpreis des Bosch Cookit beträgt 1.266,- € (inkl. 16% MwSt.). Die Lieferung erfolgt versandkostenfrei. Ratenzahlung ist möglich.*

* Mit der Ratenzahlung kannst du den Kaufpreis in gleiche Monatsraten aufteilen, ohne Finanzierungskosten.

Die Hoheiten in der Keksdose

Mit einem Hauch Pariser Chic
machen sie reichlich Eindruck in der Pralinenschachtel.
Die edlen Macarons könnt ihr mit dem Thermomix®
ab jetzt auch selbst zubereiten!

Mandel-Macarons mit Zuckerstangenstaub

02:00 std : min

LOW CARB LOW FAT

PRO STÜCK: 112 KCAL | 2 G E | 5 G F | 15 G KH
ZZGL. 24 STD. 50 MIN. RUHEZEIT
ZUTATEN FÜR 25 STÜCK

* 110 g blanchierte Mandelkerne
* 230 g Zucker
* 3 Eiweiß
* 1 Prise Salz
* 100 g weiße Kuvertüre, in Stücken
* 15 g Butter zzgl. etwas mehr zum Fetten
* 60 g Sahne
* 100 g Zuckerstangen

1 | Mandeln in den Mixtopf geben, **12 Sek.** | **Stufe 8** mahlen, umfüllen. 200 g Zucker in den Mixtopf geben und **30 Sek.** | **Stufe 10** mahlen. Mit den Mandeln mischen und mehrmals in eine weitere Schale sieben. Den Mixtopf gut reinigen.

2 | Den Rühraufsatz in den fettfreien Mixtopf einsetzen. Die Eiweiße mit Salz in den Mixtopf geben und **3 Min.** | **Stufe 4** steif schlagen. Dann den ungemahlenen Zucker **1 Min.** | **Stufe 4** durch die Deckelöffnung einrieseln lassen. Den Rühraufsatz entfernen und die Puderzucker-Mandel-Mischung vorsichtig mit dem Spatel unterheben. Die Masse in einen Spritzbeutel mit großer Lochtülle füllen.

3 | Bleche mit Backpapier belegen, dabei das Backpapier am besten mit etwas Butter am Blech befestigen. Mit etwas Abstand zueinander kleine Taler (Ø etwa 3 cm) auf die Bleche spritzen. Anschließend vorsichtig mit einer Hand von unten gegen die Bleche klopfen, sodass eventuelle Luftbläschen aus der Masse entweichen können. Die Bleche bei Zimmertemperatur 50 Min. stehen lassen. Kurz vor Ende der Ruhezeit den Backofen auf 140 °C Umluft vorheizen.

4 | Die Bleche in den Ofen geben und die Macarons darin 13–15 Min. trocknen lassen. Die Macarons aus dem Ofen nehmen, abkühlen lassen und 1 Tag in einer verschlossenen Dose ziehen lassen.

5 | Für die Füllung die Kuvertüre in den Mixtopf geben und **10 Sek.** | **Stufe 6** hacken. Mit dem Spatel nach unten schieben. Butter mit Sahne zufügen und **5 Min.** | **50 °C** | **Stufe 3** schmelzen. Umfüllen und etwas erkalten lassen. Den Mixtopf reinigen.

6 | Sobald die Ganache fester zu werden beginnt, diese in einen Spritzbeutel füllen und auf die Hälfte der Taler spritzen, mit einem weiteren Taler bedecken. Anschließend die Zuckerstangen **10 Sek.** | **Stufe 8** zerkleinern und in eine flache Schale füllen. Die fertigen Macarons einmal durch die zerkleinerten Zuckerstangen rollen. Komplett erkalten lassen und servieren.

>**TIPP** Damit die Macarons perfekt gelingen, ist es sehr wichtig, das Rezept genau zu befolgen. Mandeln und Puderzucker müssen sehr fein gesiebt werden, ehe ihr diese Mischung sehr vorsichtig unter den Eischnee hebt. Dann gelingt's!

LUFTIG-ZARTES GEBÄCK, STILVOLL GEFÜLLT

Foto: Getty Images/iStock/Getty Images Plus/RuthBlack (1) | Illustration: Archiv (1)

„After Eight"-Pralinen
Rezept auf Seite 92

Pralinen & Konfekt mit Schokolade

Diese kleinen, feinen Köstlichkeiten sind mit ausgewählten, hochwertigen Zutaten im Thermomix® überraschend schnell gemixt. Mit der richtigen Verpackung toppen sie jedes gekaufte Fertigprodukt!

Foto: Jorma Gottwald (1) | Illustrationen: Archiv

HERBES KONFEKT FÜR SÜSSE MOMENTE

Amarettikonfekt

00 15 std : min

PRO STÜCK: 82 KCAL | 1 G E | 5 G F | 6 G KH

ZZGL. 3 STD. RUHEZEIT

ZUTATEN FÜR 24 STÜCK

- **50 g Amaretti**
- **250 g Zartbitterkuvertüre, in Stücken**
- **120 g Sahne**
- **1 TL frisch gemahlener schwarzer Pfeffer**
- **1 Prise Salz**
- **30 g Kakaopulver**

1 | Eine Form (ca. 20 × 10 cm) mit Backpapier auslegen. Amaretti in den Mixtopf geben, **5 Sek. | Stufe 4** zerkleinern und umfüllen.

2 | Die Kuvertüre in den Mixtopf geben, **10 Sek. | Stufe 10** zerkleinern und mit dem Spatel nach unten schieben. Sahne zufügen, **8 Min. | 50 °C | Stufe 1** schmelzen und dann **10 Sek. | Stufe 5** pürieren. Mit dem Spatel nach unten schieben.

3 | Pfeffer, Salz sowie Amaretti-Brösel zugeben, **5 Sek. | Linkslauf | Stufe 3,5** vermischen und in die Form geben. Mit dem Spatel glatt streichen und mind. 3 Std. abgedeckt kalt stellen.

4 | Schokolade mit dem Backpapier aus der Form heben. In 24 Würfel schneiden. Kakaopulver in die Form geben. Konfekt im Kakaopulver wälzen und bis zum Verzehr in einer luftdichten Box im Kühlschrank aufbewahren.

> **TIPP** Restliches Kakaopulver zum Backen oder für Desserts weiterverwenden.

Salzkaramellwürfel

01 | 00 std : min

LOW CARB · LOW FAT

PRO STÜCK: 143 KCAL | 2 G E | 6 G F | 19 G KH

ZZGL. 12 STD. RUHEZEIT

ZUTATEN FÜR 30 STÜCK

* 220 g Vollmilchkuvertüre, in Stücken
* 500 g Zartbitterkuvertüre, in Stücken
* 90 g Zucker
* 50 g Wasser
* 1 TL grobes Meersalz
* 130 g Sahne
* 50 g weiche Butter zzgl. etwas mehr zum Fetten der Form

1 | Vollmilchkuvertüre sowie 50 g Zartbitterkuvertüre in den geben, **5 Sek. | Stufe 7** zerkleinern, umfüllen und beiseitestellen. Restliche Zartbitterkuvertüre in den geben, ebenfalls **5 Sek. | Stufe 7** zerkleinern, in eine weitere Schüssel umfüllen und beiseitestellen.

2 | In einem großen Topf Zucker, Wasser sowie ½ TL Meersalz bei mittlerer Hitze langsam schmelzen und karamellisieren lassen.

3 | Währenddessen Sahne in den geben und **3 Min. | 70 °C | Stufe 1** erhitzen. Die Vollmilch-Zartbitter-Mischung in den geben und **5 Min. | 90 °C | Stufe 2** aufkochen.

4 | Sobald das Karamell eine goldbraune Farbe hat, den Topf sofort vom Herd nehmen. Die heiße Schoko-Sahne portionsweise mit einem Schneebesen unterrühren. Da das Karamell sehr heiß ist, kann es sein, dass die Sahne dabei stark aufschäumt. Die Butter nach und nach untermischen. Den spülen.

5 | Danach die Masse in eine leicht gefettete Form (etwa 9 × 15 cm) geben und glatt streichen. Mit Frischhaltefolie abdecken und an einem kühlen Ort etwa 12 Std. aushärten lassen. Die fest gewordene Pralinenmasse vorsichtig aus der Form lösen und mit einem scharfen Messer mit heißer, sauberer Klinge in etwa 3 × 1,5 cm große Riegel schneiden.

6 | Die übrige Zartbitterkuvertüre in den geben und **3 Min. | 50 °C | Stufe 1** schmelzen. Kurz abkühlen lassen. Die Würfel einzeln in die Kuvertüre tauchen und damit umhüllen, gut abstreifen, auf ein Kuchengitter setzen und sofort mit etwas Meersalz bestreuen. Würfel einzeln in Butterbrotpapier wickeln, an beiden Seiten mit einem Stück Küchengarn zu einem Bonbon verschließen. Die Würfel sind kühl und verschlossen gelagert 1–2 Wochen haltbar.

Fotos: Jorma Gottwald (1); Frauke Antholz (1)

DIESE KLEINEN KOSTBARKEITEN SIND BISSEN FÜR BISSEN EIN STÜCK GLÜCKSELIGKEIT

„After Eight"-Pralinen

00 20 std : min

PRO STÜCK: 85 KCAL | 1 G E | 5 G F | 8 G KH

ZZGL. 3 STD. RUHEZEIT

ZUTATEN FÜR 20 STÜCK

- **200 g Zartbitterkuvertüre, in Stücken**
- **100 g Schokolade mit Minzfüllung, in Stücken**
- **50 g Sahne**

1 | 100 g Kuvertüre in den Mixtopf geben, **10 Sek. | Stufe 8** zerkleinern, in eine flache Schale füllen.

2 | Rest Kuvertüre mit Schokolade in den Mixtopf geben, **10 Sek. | Stufe 10** zerkleinern und mit dem Spatel nach unten schieben.

3 | Sahne zufügen und **3 Min. | 50 °C | Stufe 1** schmelzen. Schoko-Sahne **10 Sek. | Stufe 8** pürieren, umfüllen und mind. 3 Std., am besten über Nacht, abgedeckt kalt stellen.

4 | Von der Schoko-Creme mithilfe eines Teelöffels kleine Portionen abstechen und zu Kugeln formen. Schoko-Kugeln in der zerkleinerten Kuvertüre wälzen und servieren oder in einer luftdicht verschließbaren Dose im Kühlschrank aufbewahren.

> TIPP Wer es gern etwas süßer mag, wälzt die Pralinen in Vollmilch- oder weißer Schokolade.

> 3 VARIANTEN

Unsere „Oreo"-Pralinen könnt ihr auch mit anderen Lieblingskeksen zubereiten.

> IDEE 1

Wie wäre es mit ein paar knusprig-schokoladigen „Prinzenrolle"-Pralinen?

> IDEE 2

„Pick Up!"-Pralinen könnt ihr gleich in mehreren Ausführungen zubereiten: „Black 'n White", „Choco Hazelnut" oder „Triple Choc" – verwendet die Sorte, die ihr am liebsten mögt!

> IDEE 3

Mit „Knoppers" oder „Hanuta" gelingen grandiose Knusperpralinen mit Wow-Effekt!

„Oreo"-Pralinen

00 25 std : min

PRO STÜCK: 91 KCAL | 1 G E | 5 G F | 9 G KH

ZUTATEN FÜR 34 STÜCK

- **2 Packungen „Oreo"-Kekse (440 g)**
- **100 g Frischkäse**
- **1 Prise Salz**
- **400 g weiße Schokolade, in Stücken**

1 | Die „Oreo"-Kekse in den Mixtopf geben und **10 Sek. | Stufe 8** zerkleinern. 2 EL davon in eine Schüssel füllen und für die Deko beiseitestellen.

2 | Frischkäse sowie Salz zu den übrigen Keksen in den Mixtopf geben und **30 Sek. | Stufe 3,5** verrühren. Aus der Keksmasse 34 kleine Kugeln formen und etwa 10 Min. ins Gefrierfach geben.

3 | Währenddessen Schokolade in den Mixtopf geben und **5 Sek. | Stufe 7** zerkleinern. Mit dem Spatel nach unten schieben und **6 Min. | 50 °C | Stufe 1** schmelzen. „Oreo"-Pralinen darin wenden. Alternativ Pralinen auf ein Kuchengitter geben und mit geschmolzener Schokolade übergießen.

4 | Die restlichen zerkleinerten „Oreo"-Kekse als Deko auf die Pralinen streuen und vollständig auskühlen lassen. Im Kühlschrank gelagert 1–2 Wochen haltbar.

Mehr kreative Rezepte wie dieses findet ihr hier:
WWW·ZAUBERTOPF-CLUB·DE

Foto: Anna Gieseler für Bosch (1)

Märchenhaft verpackt

mein ZauberTopf und Ferrero zeigen euch hier gemeinsam, wie ihr Adventskalender oder die Überraschung zum Nikolaus festlich gestalten könnt – mit Papier, Schere und Leckereien

KLEINES ADVENTS-DORF

Unser kleines Advents-Dorf besteht entweder aus vier Papierhäusern in den Farben Rot und Creme für die vier Adventssonntage oder aus ganzen 24 Häuschen: eins für jeden Tag. Als Schornstein dient eine „Mon Chérie"-Praline – natürlich nur für Erwachsene. Jede Schachtel könnt ihr mit Leckereien aller Art befüllen: kleine Gläschen mit Konfitüre, Tütchen mit Gebäck oder Pralinen. Das Dorf arrangiert ihr auf der Fensterbank mit einigen Miniaturbäumchen aus dem Bastel- oder Dekobedarf. Dazwischen ein paar große Stumpenkerzen und schon entsteht eine winterliche Atmosphäre!

ÜBERRASCHUNGS-PÄCKCHEN

So einfach und doch so wirkungsvoll! Die Idee: Verwendet je Kalendertag zwei Mini-Muffinförmchen aus weißem Papier. In jedem Päckchen versteckt ihr eine selbst gemachte Praline. Last-minute-Bastler füllen die „Türchen" mit einer Konfektmischung aus „Raffaello", „Mon Chérie" und „Rocher". Nun die kleinen Geschenke mit Bäckergarn zusammenbinden und auf einem schönen Tablett oder einem großen Servierteller hübsch anrichten. Aus diesem Magazin eignen sich vor allem die vielen Kekse und Pralinen ab Seite 18, Seite 56, Seite 88, Seite 98 oder Seite 124.

SELBST GEMACHTE GESCHENKTASCHEN

Likör, Konfitüre, eine Dose voller Kekse – eure selbst gemixten Leckerbissen erhalten mit diesen mit Liebe selbst dekorierten Papiertaschen die Aufmerksamkeit, die sie verdienen! Ihr könnt dafür Papiertüten verwenden, die ihr noch im Haushalt habt, und sie mit einer goldenen Lasche aus Bastelkarton sowie einem goldenen Ferrero-„Rocher"-Knopf in einen glänzenden Hingucker verwandeln. Auf der Seite www.kreativ-mit-ferrero.de findet ihr noch mehr Deko- und Verpackungsideen!

Jetzt basteln!

Alle Bastelanleitungen und Schablonen für die Kalender- und Papiertaschen-Ideen findet ihr kostenlos zum Herunterladen unter www.zaubertopf.de/zauberhaftes

Geschenkidee für 2021

Wer das ganze Jahr über abwechslungsreiche All-in-one-Ideen mixen möchte, gönnt sich den neuen **mein ZauberTopf**-Kalender

KLEINE KOSTPROBE: EINES VON 53 ALL-IN-ONE-REZEPTEN!

Ricottacreme mit Aprikosen und Cranberrys

00 | 15 std : min

PRO PORTION: 484 KCAL | 15 G E | 23 G F | 49 G KH

ZZGL. 1 STD. RUHEZEIT

ZUTATEN FÜR 4 PERSONEN

- ★ **60 g Zartbitterschokolade, in Stücken**
- ★ **100 g getrocknete Soft-Aprikosen**
- ★ **50 g getrocknete Cranberrys**
- ★ **250 g Milch**
- ★ **1 Eigelb**
- ★ **30 g Zucker**
- ★ **1 Prise Salz**
- ★ **20 g Stärke**
- ★ **Mark von ½ Vanilleschote**
- ★ **500 g Ricotta**

1 | Die Schokolade in den Mixtopf geben, **20 Sek.** | **Stufe 5** zerkleinern und umfüllen. Die Aprikosen mit den Cranberrys in den Mixtopf geben, **6 Sek.** | **Stufe 5** zerkleinern, umfüllen.

2 | Milch, Eigelb, Zucker, Salz, Stärke sowie Vanillemark in den Mixtopf geben und **6 Min.** | **90 °C** | **Stufe 3** kochen. Ricotta zufügen, **5 Sek.** | **Stufe 4** unterrühren, umfüllen und 1 Std. abkühlen lassen, dabei gelegentlich umrühren.

3 | ¾ der Fruchtmischung und ¾ der Schokolade unterrühren, Creme in Dessertschälchen füllen, mit der restlichen Fruchtmischung und Schokolade bestreuen und servieren.

>**TIPP** Mögt ihr das Schokoladenaroma intensiver, verwendet Bitterschokolade mit 70 % Kakaogehalt.

16,90 €

Endlich wieder da: Der große **mein ZauberTopf**-Wochen-Kalender für 2021 mit 53 abwechslungsreichen All-in-one-Rezepten für jede Woche des Jahres. Druckfrisch und nur in limitierter Auflage ab sofort erhältlich unter www.shop.zaubertopf.de

Wir backen vegan!

Die sehen aus wie immer, schmecken wie immer, sind aber ganz ohne Butter, Ei und Milch. Wie euch der Thermomix® dabei hilft, erfahrt ihr hier!

Vegane Vanillekipferl
Rezept auf Seite 106

Kipferl in nur 30 Minuten!

Fotos: Getty Images/iStock/Getty Images Plus/Tabitazn (1); Désirée Peikert für Bosch (1)

So verschenken wir ein Stück Kuchen im Glas!

Vegane Linzer Schnitten

00 | 45
std : min

LOW CARB · LOW FAT

PRO STÜCK: 189 KCAL | 3 G E | 12 G F | 17 G KH

ZZGL. 45 MIN. RUHEZEIT

ZUTATEN FÜR ETWA 25 STÜCK

- **200 g Mandelkerne**
- **250 g Dinkelmehl Type 630**
- **½ TL Backpulver**
- **½ TL Zimtpulver**
- **1 Msp. Gewürznelkenpulver**
- **150 g Zucker**
- **1 Prise Salz**
- **250 g kalte Pflanzenmargarine, in Stücken**
- **10 g Rum**
- **Abrieb von 1 unbehandelten Orange**
- **320 g Johannisbeergelee**
- **etwas Puderzucker zum Bestäuben**

1 | Die Mandelkerne in den Mixtopf geben und **12 Sek. | Stufe 8** mahlen.

2 | Dinkelmehl, Backpulver, Zimt, Nelken, Zucker, 1 Prise Salz, Margarine, Rum sowie Orangenabrieb zufügen und **3 Min. |** Teigstufe zu einem glatten Teig verarbeiten. Falls nötig, 2–3 EL kaltes Wasser hinzugeben. ⅔ des Teigs abnehmen und auf einem mit Backpapier ausgelegtem Blech bis in die Ecken ausrollen und mit einer Gabel mehrmals einstechen. Den übrigen Teig zwischen Frischhaltefolie dünn ausrollen. Beides 30 Min. kalt stellen. Den Backofen auf 180 °C Ober-/Unterhitze vorheizen.

3 | Den Teig auf dem Blech im vorgeheizten Ofen auf der 2. Schiene von unten 15 Min. backen. Inzwischen vom restlichen Teig die Frischhaltefolie abziehen und die Platte in 1 cm breite Streifen schneiden. Weitere 15 Min. kalt stellen. Inzwischen das Johannisbeergelee glatt rühren.

4 | Den Teig auf dem Blech nach dem Backen mit Johannisbeergelee bestreichen. Diagonal mit den Teigstreifen belegen. Erneut im Ofen etwa 18 Min. backen. Nach dem Backen auskühlen lassen, mit Puderzucker bestäuben und in Schnitten schneiden.

Vegane Brezelhappen
Rezept auf Seite 106

Fotos: Annchristin Seitz für Bosch (1); Désirée Peikert für Bosch (1)

Vegane Gewürzplätzchen

Rezept auf Seite 106

Vegane Crinkle Cookies

00 | 20
std : min

PRO STÜCK: 120 KCAL | 2 G E | 4 G F | 19 G KH
ZZGL. 8 STD. RUHEZEIT
ZUTATEN FÜR 40 STÜCK

- ★ 320 g Zucker
- ★ 100 g Kakaopulver
- ★ 10 g selbst gemachter Vanillezucker
- ★ 110 g Sonnenblumenöl
- ★ 4 EL Apfelmus
- ★ 250 g Mehl Type 405
- ★ 1 Pck. Backpulver
- ★ ½ TL Salz

1 | 70 g Zucker im Mixtopf **10 Sek. | Stufe 10** pulverisieren und umfüllen. Kakaopulver, restlichen Zucker, Vanillezucker sowie Öl in den Mixtopf geben und **40 Sek. | Stufe 5** verrühren. Das Apfelmus mithilfe des Spatels unterheben.

2 | Mehl, Backpulver sowie Salz zufügen und **1 Min. | Stufe 4,5** mit der Kakaomasse verrühren. Anschließend den Teig in Frischhaltefolie wickeln und über Nacht in den Kühlschrank legen.

3 | Ofen auf 175 °C Ober-/Unterhitze vorheizen. Den Teig in etwa 2–3 cm große Kugeln rollen. Diese in Puderzucker wälzen. Die Kugeln auf Backblechen mit Backpapier verteilen, dabei sollten die Kugeln etwas Abstand zueinander haben.

4 | Auf mittlerer Schiene für 10–12 Min. backen. Die Crinkle Cookies auskühlen lassen und in Dosen aufbewahren.

>**ÜBRIGENS** Die mit Zucker bestäubten Plätzchen brechen beim Backen auf, dadurch entstehen ästhetische Falten. Im Englischen nennt man diese „Crinkle".

Fotos: Désirée Peikert für Bosch (1); Annchristin Seitz für Bosch (1); Getty Images/iStock/Getty Images Plus/goodmoments (1)

Oh, ich nehme noch eins, oder zwei, oder drei …

Vegane Schoko-Hafer-Kekse

Rezept auf Seite 107

Vegane Lebkuchen

Rezept auf Seite 107

Veganes Stollenkonfekt
Rezept auf Seite 107

Hier tauschen wir uns über Rezeptideen aus:
WWW.ZAUBERTOPF.DE/FACEBOOK

Fotos: Annchristin Seitz für Bosch (2); Désirée Peikert für Bosch (1)

Vegane Vanillekipferl

00 30 std : min

PRO STÜCK: 88 KCAL | 3 G E | 5 G F | 8 G KH
ZUTATEN FÜR 42 STÜCK

- 130 g Zucker
- 150 g Mandelkerne
- 1–2 Vanilleschoten
- 225 g Pflanzenmargarine
- 40 g selbst gemachter Vanillezucker
- 1 Prise Salz
- 250 g Mehl Type 405

1 | 70 g Zucker im **10 Sek. | Stufe 10** pulverisieren und umfüllen. Die Mandeln in den geben, **10 Sek. | Stufe 10** mahlen und umfüllen. Vanilleschoten längs halbieren und das Mark herauslösen. Margarine mit 60 g Zucker, 20 g Vanillezucker, Salz sowie Vanillemark in den geben und **2 Min. | Stufe 5** schaumig schlagen.

2 | Mehl unter die Margarinemasse sieben. Gemahlene Mandeln dazugeben, **3 Min. |** zu einem glatten Teig verkneten. In 4 Stücke teilen, danach zu Rollen formen und 1 Std. kalt stellen.

3 | Backofen auf 175 °C Ober-/Unterhitze vorheizen. Ein Blech mit Backpapier auslegen. Den Teig in 1–2 cm dicke Scheiben schneiden und zu Kipferln formen. Im heißen Backofen etwa 20 Min. backen.

4 | Inzwischen Puderzucker und übrigen Vanillezucker mischen. Die lauwarmen Vanillekipferl in der Puderzuckermischung wenden.

>TIPP Eine herrliche Alternative für Coffeeholics: Statt in Vanillezucker könnt ihr die Kipferl auch in Kaffeezucker wälzen. Dafür 200 g Zucker und 20 g Kaffeebohnen **45 Sek. | Stufe 10** pulverisieren. Für einen besonders intensiven Geschmack, können zusätzlich die 60 g Zucker im Teig durch den Kaffeezucker ersetzt werden. Restlichen Zucker luftdicht verschlossen aufbewahren.

Vegane Brezelhappen

00 20 std : min

PRO STÜCK: 67 KCAL | 3 G E | 4 G F | 6 G KH
ZUTATEN FÜR 22 STÜCK

- 40 g Mandelkerne
- 100 g vegane Zartbitterschokolade, in Stücken
- 50 g weiße vegane Schokolade, in Stücken
- etwa 50 g Erdnüsse, geröstet und gesalzen
- 3 EL Erdnussbutter
- 1 TL Ahornsirup
- etwa 150 g Salzbrezeln

1 | Mandeln im **10 Sek. | Stufe 10** mahlen und umfüllen. Zartbitterschokolade in den geben, **7 Sek. | Stufe 8** hacken und anschließend **3 Min. | 50 °C | Stufe 2** schmelzen. Die dunkle Schokolade umfüllen. Den spülen. Die weiße Schokolade **7 Sek. | Stufe 6** im hacken und ebenfalls umfüllen.

2 | Die Erdnüsse in den geben, **5 Sek. | Stufe 5** hacken, umfüllen und beiseitestellen. Erdnussbutter mit gemahlenen Mandeln sowie Ahornsirup in den geben und **30 Sek. | Stufe 4** verrühren. Je nach Konsistenz noch etwas Erdnussbutter oder Mandeln dazugeben.

3 | Die Erdnussmasse zu kleinen Kugel formen, zwischen zwei Brezeln geben und festdrücken. Eine Hälfte in die flüssige Schokolade tunken und auf Backpapier fest werden lassen. Nach Belieben mit Erdnüssen oder weißer Schokolade verzieren.

>TIPP Dieses 20-Minuten-Rezept eignet sich, um für jemanden ein Last-minute-Mitbringsel herzustellen. Die Zutaten sind alle haltbar, daher könnt ihr sie für kleine „Geschenk-Notfälle" gut bevorraten. Anstelle von Salzbrezeln könnt ihr auch mal auf Dinkelbrezeln mit Sesamsamen zurückgreifen oder anstelle von Mandelkernen andere Nüsse und Kerne verwenden.

Vegane Gewürzplätzchen

00 40 std : min

PRO STÜCK: 85 KCAL | 0 G E | 3 G F | 13 G KH
ZUTATEN FÜR 40 STÜCK

- 1 EL Leinsamen
- 3 EL Wasser
- 80 g kandierter Ingwer
- 50 g brauner Zucker
- 120 g Kokosöl
- 200 g Muscovado-Zucker
- 60 g Zuckerrübensirup
- 260 g Mehl Type 405
- 2 TL Natron
- 2 TL Zimtpulver
- ½ TL Gewürznelkenpulver
- ½ TL frisch geriebene Muskatnuss
- ½ TL Ingwerpulver
- 1 Prise Salz

1 | Den Backofen auf 180 °C Ober-/Unterhitze vorheizen. Ein Blech mit Backpapier auslegen.

2 | Leinsamen mit Wasser mischen und 15 Min. quellen lassen. Ingwer im **7 Sek. | Stufe 8** fein hacken, umfüllen und beiseitestellen. Den braunen Zucker auf einen flachen Teller geben.

3 | Kokosöl in den geben, **1 Min. | 50 °C | Stufe 2** schmelzen. Muscovado-Zucker zufügen und **2 Min. | Stufe 3,5** schaumig schlagen. Den Zuckerrübensirup mit dem Leinsamen zufügen und **40 Sek. | Stufe 3** unterrühren.

4 | Mehl, Natron, Zimt, Nelkenpulver, Muskatnuss, Ingwerpulver sowie Salz in den geben und **1 Min. | Stufe 4** vermischen. Kandierten Ingwer ebenfalls zufügen und **30 Sek. |** unterheben.

5 | Teig mit den Händen zu kleinen Kugeln formen, in braunem Zucker wälzen und auf das Backblech geben. Im heißen Ofen 12–15 Min. backen.

6 | Die Plätzchen direkt nach dem Backen mit dem leicht flach drücken.

Vegane Schoko-Hafer-Kekse

00 30 std : min

PRO STÜCK: 165 KCAL | 2 G E | 8 G F | 22 G KH
ZUTATEN FÜR 12 STÜCK

- 75 g vegane Zartbitterschokolade, in Stücken
- 75 g Pflanzenmargarine
- 100 g Zucker
- 1 EL Apfelmus
- 60 g Mehl Type 405
- ½ TL Backpulver
- 1 EL Kakaopulver
- 1 Prise Salz
- 2 Prisen frisch geriebene Tonkabohne (alternativ Vanilleextrakt)
- 110 g kernige Haferflocken

1 Den Backofen auf 200 °C Ober-/Unterhitze vorheizen. Ein Blech mit Backpapier auslegen. Schokolade in den geben, **10 Sek.** | **Stufe 7** hacken und umfüllen.

2 Margarine, Zucker sowie Apfelmus in den geben und **1 Min.** | **Stufe 5** cremig aufschlagen. Danach Mehl, Backpulver, Kakao, Salz, Tonkabohne sowie Haferflocken zufügen und **2 Min.** | zu einem Teig verkneten.

3 Schokolade zugeben und erneut **1 Min.** | kneten. Mit einem Teelöffel 12 Teigportionen abnehmen und diese auf dem Backpapier verteilen. Kekse etwa 18 Min. im heißen Ofen backen. Erst wenn sie abgekühlt sind, vom Backpapier lösen.

>TIPP Das Apfelmus ersetzt in diesem Rezept das Ei. Anstelle dessen könnt ihr z. B. eine halbe Banane zerdrücken und unter den Teig geben. Geschmacklich macht es kaum einen Unterschied aufgrund der geringen Menge.

Vegane Lebkuchen

00 40 std : min

PRO STÜCK: 159 KCAL | 4 G E | 10 G F | 15 G KH
ZUTATEN FÜR 25 STÜCK

- 100 g getrocknete Datteln
- 150 g Haselnusskerne
- 150 g Mandelkerne
- 15 g Orangeat
- 15 g Zitronat
- Abrieb von 1 unbehandelten Orange
- 100 g Marzipanrohmasse, in Stücken
- 2 EL Agavendicksaft
- 2 TL Lebkuchengewürz
- 1 TL Pottasche
- 1 TL Backpulver
- 25 Oblaten
- 150 g vegane Zartbitterschokolade, in Stücken

1 Datteln mit kochendem Wasser übergießen und 10 Min. einweichen lassen. In dieser Zeit Haselnüsse mit Mandeln in den geben, **15 Sek.** | **Stufe 8** mahlen und umfüllen. Datteln abgießen, dabei 5 EL Wasser auffangen. Datteln sowie die 5 EL Wasser im **20 Sek.** | **Stufe 5–9** ansteigend pürieren. Masse umfüllen und den spülen.

2 Gemahlene Haselnüsse und Mandeln in einer Pfanne ohne Zugabe von Fett rösten, etwas abkühlen lassen. Backofen auf 175 °C Ober-/Unterhitze vorheizen. Blech mit Backpapier auslegen.

3 Orangeat und Zitronat im **20 Sek.** | **Stufe 9** fein hacken. Geröstete Nüsse, Datteln, Orangenabrieb, Marzipan, Honig, Lebkuchengewürz, Pottasche und Backpulver zugeben, **2 Min.** | **Stufe 4,5** verrühren.

4 Mit einem Esslöffel Nocken aus dem Teig stechen, zu Kreisen formen, auf die Oblaten legen und andrücken. Im heißen Backofen 15–20 Min. backen, auskühlen lassen. spülen.

5 Für die Glasur Schokolade im für **5 Sek.** | **Stufe 8** hacken und anschließend **4 Min.** | **50 °C** | **Stufe 2** schmelzen. Auf den Lebkuchen verteilen und trocknen lassen.

Veganes Stollenkonfekt

00 45 std : min

PRO STÜCK: 239 KCAL | 4 G E | 11 G F | 31 G KH
ZZGL. 5 STD. 15 MIN. RUHEZEIT
ZUTATEN FÜR 12–16 STÜCK

- 100 g Rosinen
- 2 EL Rum
- 50 g blanchierte Mandelkerne
- 100 g Mandelmilch
- 4 g Trockenhefe
- 20 g selbst gemachter Vanillezucker
- 250 g Mehl Type 405
- 1 Prise Salz
- 70 g Zucker
- 100 g Marzipanrohmasse, in Stücken
- Abrieb von 1 unbehandelten Orange
- 125 g Pflanzenmargarine
- etwas Puderzucker

1 Rosinen mind. 4 Std., wenn möglich über Nacht, im Rum ziehen lassen.

2 Mandeln in den geben, **7 Sek.** | **Stufe 7** hacken, umfüllen. Mandelmilch, Hefe und Vanillezucker im **3 Min.** | **37 °C** | **Stufe 1** auflösen. Hefemilch umfüllen, 15 Min. quellen lassen.

3 Mehl, Salz sowie Zucker in den geben und **20 Sek.** | **Stufe 4** vermischen. Abgetropfte Rosinen, Marzipan, Mandeln sowie Orangenabrieb hinzufügen, **1 Min.** | | **Stufe 3,5** untermischen.

4 Hefemilch mit 75 g weicher Margarine in den geben und **3 Min.** | verkneten. Den Hefeteig an einem warmen Ort 1 Std. gehen lassen. Ofen auf 180 °C Ober-/Unterhitze vorheizen.

5 Teig auf eine bemehlte Arbeitsfläche stürzen, etwa 2 cm dick aus rollen und in 12–16 kleine Konfekt-Stücke zerteilen. Das Konfekt auf ein mit Backpapier ausgelegtes Blech legen und etwa 15 Min. goldbraun backen. Den spülen.

6 Rest Margarine in den geben, **3 Min.** | **50 °C** | **Stufe 2** schmelzen. Konfekt nach dem Backen damit bestreichen und mit Puderzucker bestäuben.

RATGEBER

Vegan backen

Tierische Produkte können beim Backen ganz leicht ersetzt werden. Wir verraten euch, wie es am besten geht und warum der Thermomix® ein genialer Helfer dafür ist

ZUTATEN CLEVER ERSETZEN

Anstelle von Butter
- Pflanzenmargarine
- Kokosöl
- Olivenöl
- Rapsöl

>VERHÄLTNIS Verwendet ihr Pflanzenmargarine, könnt ihr die Butter 1 : 1 ersetzen. Anstelle von 100 g Butter verwendet ihr dann 80 g Öl.

Anstelle von Honig
- Agavendicksaft
- Ahornsirup
- Trockenobst
- Zucker

Anstelle von Eiern
- Bananen
- Chiasamen
- Fruchtmus
- Gemüsemus
- Johannisbrotkernmehl
- Leinsamen
- Sojamehl

>VERHÄLTNIS Anstelle von 1 Ei könnt ihr folgende Mengen verwenden:
- ½ zerdrückte Banane
- 75 g Frucht- bzw. Gemüsemus
- 1 EL gequollene Chia- bzw. Leinsamen
- 1 EL Soja- bzw. Johannisbrotkernmehl

Anstelle von Kuhmilch
- Cashewmilch
- Hafermilch
- Kokosmilch
- Mandelmilch
- Sojamilch

>ACHTUNG Bei Pflanzen- und Nussdrinks gibt es verschiedenste Konsistenzen. Rührt erst kleine Mengen eurer Wahl in den Teig und tastet euch langsam heran.

IST SCHOKOLADE VEGAN?

Backkakao sowie viele dunkle Schokoladen mit hohem Kakaoanteil sind in der Regel vegan. Handelsübliche Milchschokolade enthält, wie der Name schon sagt, Milchprodukte und hat beim veganen Backen nichts im Mixtopf zu suchen. Mittlerweile gibt es sogar einige Hersteller veganer Milchschokolade. Im Grunde gilt: Immer genau auf die Kennzeichnung achten!

SPEZIELLER EISCHNEE

Benötigt ihr für ein Back-Rezept Eischnee, könnt ihr stattdessen Aquafaba verwenden. Es handelt sich dabei um einen veganen Ersatz, der aus dem Kochwasser von Kichererbsen und anderen Hülsenfrüchten hergestellt wird. Dank Thermomix® gelingt das Mixen von Kichererbsenschaum auch ganz einfach:

1 Dose Kichererbsen abseihen und das Wasser auffangen. Den Rühraufsatz in den Mixtopf einsetzen. Kichererbsenwasser in den Mixtopf geben und **2–3 Min. | Stufe 4** aufschlagen. Die Kichererbsen könnt ihr anderweitig verwenden, zum Beispiel für unsere Orangen-Kichererbsen-Kekse auf Seite 155.

>VERHÄLTNIS Anstelle von 1 Eiweiß verwendet ihr 4 EL Aquafaba.

OHNE MILCH ODER EI, UND GENAUSO LECKER!

VEGANER MÜRBETEIG

00 05 std : min

LOW CARB LOW FAT

Basis REZEPT

PRO STÜCK: 44 KCAL | 1 G E | 2 G F | 5 G KH
ZZGL. 1 STD. RUHEZEIT
ZUTATEN FÜR 50 STÜCK

260 g Mehl Type 405, 140 g Pflanzenmargarine, in Stücken, 60 g Zucker, 10 g selbst gemachten Vanillezucker und 1 Prise Salz in den geben und **30 Sek. | Stufe 4** vermengen. Auf der bemehlten Arbeitsfläche durchkneten, den Teig zu einem flachen Riegel formen und in Frischhaltefolie gewickelt etwa 1 Std. kalt stellen. Nach Belieben weiterverarbeiten. Für Plätzchen Teig aus dem Kühlschrank nehmen, auf der leicht bemehlten Arbeitsfläche durchkneten und 0,5 cm dick ausrollen. Motive ausstechen, auf ein mit Backpapier belegtes Blech geben, im Ofen bei 180 °C Ober-/Unterhitze etwa 10 Min. backen.

2 BACKPULVER-OPTIONEN

Backpulver ist vegan – und besonders vegane Teige verlangen oft nach etwas mehr davon, da sie sonst nicht so schön aufgehen und somit nicht so fluffig werden. Manchen stört der salzige Backpulvergeschmack – ihr könnt stattdessen Weinsteinbackpulver verwenden, es schmeckt etwas milder.

FRUCHTMUS STATT EI

Maximal 200 g Früchte im **20 Sek. | Stufe 8** pürieren. Wir mixen am liebsten Mus aus Äpfeln, Pfirsichen, Birnen, Nektarinen, Erdbeeren oder Mangos. Zitrusfrüchte eignen sich nicht so gut.

CASHEWSAHNE

Basis REZEPT

00 05 std : min

LOW CARB LOW FAT

PRO PORTION (50 ML): 75 KCAL | 3 G E | 6 G F | 3 G KH
ZZGL. 2 STD. RUHEZEIT
ZUTATEN FÜR 400 ML

100 g Cashewkerne und 200 g Wasser in den geben und 2 Std. einweichen. Wasser durch den Garkorb abgießen. 200 g Wasser zu den Kernen in den geben, **20 Sek. | Stufe 4–6–8** aufsteigend fein pürieren. Im Kühlschrank gelagert ist sie 3–4 Tage haltbar. Ihr könnt sie als Ersatz für Sahne verwenden und damit Kuchenteige sowie Soßen verfeinern. Zum Aufschlagen ist sie nicht geeignet.

Fotos: Archiv (1); Anna Gieseler (1); Sophia Handschuh (1) | Illustratio..en: Getty Images/Olha Khorimarko (1) | Archiv (2)

Früchtebrot dreimal anders

In diesen Genussstücken steckt reichlich Geschmack. Freut euch auf saftige Brote mit Äpfeln, Pflaumen und Aprikosen

Foto: Katharina Küllmer

Früchte-Nuss-Brot mit Zimtbutter

01 00 std : min

LOW CARB LOW FAT

PRO SCHEIBE MIT BUTTER:
486 KCAL | 9 G E | 6 G F | 15 G KH
ZUTATEN FÜR 14 SCHEIBEN

* 125 g weiche Butter, in Stücken, zzgl. etwas mehr zum Fetten der Form
* 150 g Weizenkörner
* 200 g getrocknete Aprikosen
* 200 g getrocknete Pflaumen
* 200 g getrocknete Feigen
* 100 g Rosinen
* 150 g Haselnusskerne
* 150 g Walnusskerne
* 200 g Weizenmehl Type 550
* ½ Pck. Backpulver
* 1 Prise Salz
* 3 TL Zimtpulver
* 100 g Honig
* 400 g Milch
* 30 g Puderzucker

1 | Den Backofen auf 180 °C Ober-/Unterhitze vorheizen. Eine Kastenform (28 cm Länge) mit etwas Butter einfetten. Die Weizenkörner in den geben **1 Min.** | **Stufe 10** mahlen, dann umfüllen und beiseitestellen.

2 | Aprikosen, Pflaumen und Feigen in den geben und **5 Sek.** | **Stufe 6** zerkleinern. Rosinen, Haselnüsse und Walnüsse zufügen, **5 Sek.** | | **Stufe 3** mischen und umfüllen.

3 | Gemahlene Körner, Mehl, Backpulver, Salz, 2 TL Zimtpulver, Honig sowie die Milch in den geben und **4 Min.** | kneten. Die Früchte-Nuss-Mischung zufügen und **1 Min.** | weiterkneten. Den Teig in die vorbereitete Form füllen und 45–50 Min. goldbraun backen. Den säubern.

4 | Inzwischen Butter mit Puderzucker sowie restlichem Zimt in den geben und **5 Sek.** | **Stufe 5** glatt rühren. Früchtebrot aus dem Ofen nehmen, kurz abkühlen lassen, dann vorsichtig auf einen Rost stürzen und vollständig abkühlen lassen. Mit der Zimtbutter servieren.

All unsere festliche Backideen findet ihr hier:
WWW.ZAUBERTOPF-CLUB.DE

Apfel-Zimt-Zupfbrot

01 00
std : min

CARB FAT

PRO SCHEIBE: 348 KCAL | 7 G E | 16 G F | 47 G KH
ZZGL. 1 STD. 15 MIN. GEHZEIT
ZUTATEN FÜR 12 SCHEIBEN

- **300 g Milch**
- **20 g frische Hefe**
- **50 g Zucker**
- **200 g weiche Butter, in Stücken, zzgl. etwas mehr zum Fetten der Form**
- **500 g Dinkelmehl Type 812 zzgl. etwas mehr zum Bearbeiten**
- **1 Prise Salz**
- **3 Äpfel, geviertelt**
- **2 EL Zitronensaft**
- **75 g brauner Zucker**
- **2 TL Zimtpulver**

1 | Milch, Hefe sowie Zucker in den geben und **2 Min. | 37 °C | Stufe 2** erwärmen. Butter, Mehl sowie Salz zufügen und **2 Min. |** verkneten. Den Teig umfüllen und 45 Min. ruhen lassen. spülen.

2 | Für die Füllung die Äpfel mit Zitronensaft in den geben und **2–3 Sek. | Stufe 5** zerkleinern. Den braunen Zucker mit dem Zimt mischen.

3 | Eine Kastenform (26 cm Länge) mit etwas Butter fetten. Den Teig auf einer leicht bemehlten Arbeitsfläche zu einem Rechteck (etwa 45 × 35 cm) ausrollen. Mit der übrigen Butter bestreichen und mit der Zucker-Zimt-Mischung bestreuen.

4 | Das Rechteck nun in 6 Streifen schneiden, diese wiederum in 4 gleich große Stücke teilen. Auf jedes Teigstück etwas Apfel geben, die vorbereitete Form hochkant auf die Arbeitsfläche stellen und die Teigstücke mit der Apfelfüllung nach oben übereinander hineinstapeln. Beim letzten Stück mit der Füllung nach innen abschließen. Abgedeckt noch mal 30 Min. gehen lassen.

5 | Den Backofen auf 180 °C Ober-/Unterhitze vorheizen. Das Brot im heißen Ofen 30–35 Min. goldbraun backen. Mit etwas Alufolie abdecken, sollte die Oberfläche drohen zu dunkel zu werden. Aus dem Ofen nehmen, kurz in der Form auskühlen lassen. Dann vorsichtig auf ein Kuchengitter stürzen und vollständig abkühlen lassen.

Foto: Katharina Küllme

>**TIPP** Im Originalrezept wird der Christmas Pudding vor dem Servieren mit Brandy übergossen und flambiert – es lohnt sich, das auch mal auszuprobieren! Wir servieren ihn am liebsten mit Vanillesoße. Das Rezept dafür gibt's auf Seite 54.

DIE BRITEN NENNEN IHR GEBÄCK „PUDDING" – DIES IST IHR FESTTAGS-KLASSIKER

Fotos: Frauke Antholz (1)

Christmas Pudding

04 00 std : min

LOW CARB LOW FAT

PRO PORTION: 522 KCAL | 9 G E | 19 G F | 77 G KH

ZZGL. 8 STD. ZIEHZEIT

ZUTATEN FÜR 6 PERSONEN

* **80 g getrocknete Pflaumen**
* **150 g Rosinen**
* **50 g Orangeat**
* **50 g Zitronat**
* **40 g Rum**
* **75 g Haselnusskerne**
* **1 Brötchen vom Vortag, in Stücken**
* **1 Apfel, geviertelt**
* **60 g weiche Butter, in Stücken, zzgl. etwas mehr zum Fetten der Form**
* **40 g Zucker**
* **¼ TL Nelkenpulver**
* **1 TL Zimtpulver**
* **2 Eier**
* **75 g Mehl Type 405**

1 | Getrocknete Pflaumen im Mixtopf **5 Sek. | Stufe 8** zerkleinern. Zusammen mit Rosinen, Orangeat und Zitronat in einer Schüssel mit dem Rum mischen. Zugedeckt über Nacht ziehen lassen.

2 | Haselnüsse in den Mixtopf geben, **8 Sek. | Stufe 7** mahlen und umfüllen. Brötchenstücke im Mixtopf **10 Sek. | Stufe 7** zu Paniermehl verarbeiten und ebenfalls umfüllen. Apfelviertel in den Mixtopf geben, **3 Sek. | Stufe 5** zerkleinern und umfüllen.

3 | Butter, Zucker, Nelkenpulver und Zimt im Mixtopf **10 Sek. | Stufe 4** vermengen. Eier zufügen, **10 Sek. | Stufe 4** unterrühren. Mehl, gemahlene Haselnüsse, Paniermehl und Apfelstücke zugeben, **10 Sek. | Stufe 4** vermengen. In Rum gezogene Trockenfrüchte zufügen, mit dem Spatel unterheben und **20 Sek. | Linkslauf | Stufe 3** untermengen.

4 | Hitzebeständige Pudding- oder Gugelhupfform großzügig mit Butter fetten. Teig in die Form geben, mit einem Deckel verschließen. Alternativ die Form mit Backpapier abdecken, mit einem Gummiband befestigen. Mixtopf bis zur 1-Liter-Marke mit Wasser füllen, Puddingform in den Varoma® setzen. Pudding dreimal **60 Min. | Varoma® | Stufe 1** garen, dabei jeweils nach 1 Std. das Wasser Mixtopf wieder bis auf 1 l auffüllen. Dann das Wasser erneut bis auf 1 l auffüllen und weitere **30 Min. | Varoma® | Stufe 1** garen, sodass der Pudding insgesamt 3,5 Std. gart.

5 | Vorsichtig aus dem Varoma® nehmen, auf einem Gitter abkühlen lassen. Bis zum Servieren in der geschlossenen Form belassen und erst kurz vor dem Servieren stürzen.

Willkommen im Mini-Wunderland

Aus großen Stollen, Panettone und Gugelhupf
werden kleine Exemplare zum Verschenken

Mini-Stollen

00 50 std : min

LOW CARB LOW FAT

PRO STÜCK: 1505 KCAL | 22 G E | 78 G F | 175 G KH
ZZGL. 3 STD. RUHEZEIT
ZUTATEN FÜR 5 STÜCK

* 150 g Mandelkerne
* 80 g Zitronat
* 80 g Orangeat
* 150 g Rosinen
* 7 EL Rum (alternativ Apfelsaft)
* Saft von 1 Zitrone
* 500 g Mehl Type 405 zzgl. etwas mehr zum Bearbeiten
* 1 Pck. Backpulver
* 1 Prise Salz
* 175 g Zucker
* 10 g selbst gemachter Vanillezucker
* 2 Eier
* 350 g weiche Butter, in Stücken
* Puderzucker zum Bestäuben

1 Mandeln in den geben und **7 Sek. | Stufe 6** hacken. Gehackte Mandeln umfüllen. Zitronat, Orangeat sowie Rosinen in den geben und **15 Sek. | Stufe 7** fein hacken. Mandeln, Rum sowie Zitronensaft in den geben und **30 Sek. | | Stufe 3** vermischen. Die Masse umfüllen und mind. 3 Std. abgedeckt bei Zimmertemperatur durchziehen lassen. spülen.

2 Mehl, Backpulver, Salz, Zucker sowie Vanillezucker in den geben und **20 Sek. | Stufe 3** vermischen. Eier, 250 g Butter und die Früchte-Mandel-Mischung zugeben, **2 Min. |** zu einem glatten Teig kneten. Den Backofen auf 180 °C Ober-/Unterhitze vorheizen. Den spülen.

3 Auf einer leicht bemehlten Arbeitsfläche den Teig in 5 gleich große Portionen teilen. Aus jeder Portion kleine Stollen formen und auf mit Backpapier belegte Bleche legen. Oberfläche der Länge nach leicht einschneiden. Blechweise im heißen Ofen 20–25 Min. hellbraun backen.

4 Übrige Butter in den geben und **4 Min. | 50 °C | Stufe 2** schmelzen. Die gebackenen Stollen damit großzügig einpinseln und mit reichlich Puderzucker bestäuben. Auf einem Rost vollständig abkühlen lassen. Trocken und luftdicht aufbewahren.

KLEINER STOLLEN, GRÖSSTER GENUSS

Fotos: Getty Images/iStock/Getty Images Plus/CatLane (1); Anna Gieseler (1)

Mini-Zimt-Panettone

00 35 std : min

LOW CARB LOW FAT

PRO STÜCK: 391 KCAL | 9 G E | 12 G F | 60 G KH

ZZGL. 1 STD. 15 MIN. RUHEZEIT

ZUTATEN FÜR 12 STÜCK

- ⭑ **150 g Milch**
- ⭑ **100 g Zucker**
- ⭑ **40 g frische Hefe**
- ⭑ **500 g Mehl Type 405**
- ⭑ **1 TL Zimtpulver zzgl. etwas mehr zum Bestäuben**
- ⭑ **½ TL Salz**
- ⭑ **100 g weiche Butter, in Stücken, zzgl. etwas mehr zum Fetten**
- ⭑ **2 Eier**
- ⭑ **80 g Rosinen**
- ⭑ **4 EL brauner Rum**
- ⭑ **75 g Orangeat**
- ⭑ **75 g Zitronat**
- ⭑ **80 g Mandelstifte**
- ⭑ **etwas Puderzucker zum Bestäuben**

AUSSERDEM

- ⭑ **12 Souffléförmchen (Ø à ca. 8 cm)**

1 | Milch mit Zucker und Hefe in den Mixtopf geben, **2 Min. | 37 °C | Stufe 2** erwärmen. Mehl und Zimt in einer Schüssel vermischen, in den Mixtopf geben. Salz, Butter sowie Eier zufügen und alles **5 Min. |** Teigstufe zu einem glatten Teig verkneten. Umfüllen, 45 Min. mit einem Küchenhandtuch zugedeckt an einem warmen Ort ruhen lassen. Mixtopf spülen. Rosinen in Rum einlegen, bis zur Verwendung durchziehen lassen.

2 | Orangeat und Zitronat im Mixtopf **5 Sek. | Stufe 7** fein hacken. Zusammen mit Rosinen und Mandeln unter den Teig kneten. Diesen zugedeckt weitere 30 Min. an einem warmen Ort ruhen lassen. Den Backofen auf 200 °C Ober-/Unterhitze vorheizen.

3 | Souffléförmchen mit etwas Butter fetten. Den Teig in 12 gleich große Portionen teilen und in die Förmchen geben. Im vorgeheizten Backofen 15–20 Min. backen. Herausnehmen und vollständig auskühlen lassen. Nach Belieben mit etwas Zimt oder Puderzucker bestäuben und servieren.

>**TIPP** Panettone schmecken auch mit Schokoladenstücken anstelle von Rum-Rosinen. Wer kein Orangeat oder Zitronat mag, lässt es einfach weg.

NAHEZU JEDES BACKREZEPT LÄSST SICH GANZ EINFACH „VERKLEINERN“. PROBIERT ES MIT EINEM DER STOLLEN AUS UNSERER KOLLEKTION. IHR FINDET SIE GLEICH HIER: WWW.ZAUBERTOPF-CLUB.DE

Fotos: Katharina Küllmer (1); Gettyi lages/E+/nimis69 (1)

AUS RÜHRTEIG FÜR EINEN KUCHEN KÖNNT IHR GANZ EINFACH 12 MUFFINS BACKEN – ODER 24 MINI-MUFFINS!

Mini-Gugelhupfe

01 | 30 std : min

LOW CARB LOW FAT

PRO STÜCK: 179 KCAL | 3 G E | 9 G F | 22 G KH

ZUTATEN FÜR 20 STÜCK

* 125 g weiche Butter, in Stücken, zzgl. etwas mehr zum Fetten der Form
* 200 g Mehl Type 405 zzgl. etwas mehr zum Ausstäuben
* ½ unbehandelte Orange
* 100 g Rotwein
* 2 Sternanis
* 1 Zimtstange
* 2 Kardamomkapseln
* 1 Prise frisch geriebene Muskatnuss
* 1 Prise frisch gemahlener schwarzer Pfeffer
* 150 g Zucker
* 2 Eier
* 30 g Kakaopulver
* 1 TL Zimtpulver
* 1 TL Backpulver
* 1 Prise Salz
* 100 g weiße Kuvertüre, in Stücken
* 100 g Zartbitterkuvertüre, in Stücken

1 | Den Backofen auf 180 °C Ober-/Unterhitze vorheizen. Die Mulden eines Mini-Gugelhupf-Blechs mit etwas Butter fetten und etwas Mehl ausstäuben. Die Orange heiß waschen und die Schale fein abreiben. Rotwein mit den Gewürzen, bis auf das Zimtpulver, in den Mixtopf geben und **5 Min.** | **70 °C** | Linkslauf | **Stufe 1** erhitzen. Gewürzwein umfüllen und abkühlen lassen. Den Mixtopf spülen.

2 | Die Butter mit dem Zucker in den Mixtopf geben und **2 Min.** | **Stufe 3** schaumig schlagen. Eier zufügen und **1 Min.** | **Stufe 3** unterrühren. Mehl, Kakaopulver, Zimt, Backpulver, Salz sowie Orangenabrieb mischen. Rotwein durch ein Sieb gießen. **2 Min.** | **Stufe 3,5** einstellen und dabei durch die Deckelöffnung abwechselnd den Wein mit der Mehlmischung in den Mixtopf geben.

3 | Teig in einen Spritzbeutel geben und in die vorbereiteten Mulden füllen. Im heißen Ofen 10–12 Min. backen. Herausnehmen und auf einem Rost abkühlen lassen. Den Mixtopf spülen.

4 | Weiße Kuvertüre in den Mixtopf geben und **5 Sek.** | **Stufe 7** zerkleinern. Mit dem Spatel nach unten schieben und **3 Min.** | **50 °C** | **Stufe 1** schmelzen. Die Hälfte der abgekühlten Gugelhupf-Küchlein nach Belieben mit der Kuvertüre überziehen oder garnieren. Den Vorgang mit der Zartbitterkuvertüre wiederholen. Vollständig trocknen lassen und dann luftdicht verpacken.

DIE MACHEN SCHON BEIM HINSEHEN GLÜCKLICH!

Fotos: Archiv (1); Ira Leoni (1)

Geschenke im Kleinformat

In einem Rutsch gleich viele Leckereien für mehrere Personen backen? Wir verraten euch, welche Kniffe es beim Verkleinern von Gebäck zu Mini-Stollen, Küchlein & Co. zu beachten gilt

REZEPTE HALBIEREN – SO KLAPPT'S

Zutaten halbieren

Bei den meisten Zutaten ist das Teilen kein Problem. Verwendet von Mehl, Zucker und Flüssigkeiten einfach jeweils die Hälfte. Etwas schwieriger wird es bei Eiern. Diese können nicht immer durch zwei geteilt werden. Am einfachsten ist es, wenn man auf eine **kleinere Ei-Größe** zurückgreift und die Menge um ein Ei reduziert. Werden für das Originalrezept zum Beispiel 3 Eier benötigt, verarbeitet 2 kleine Eier. Wollt ihr eine ungerade Zahl an Eiern lieber teilen, gilt folgender Trick: Alle Eier in einem Messbecher verrühren, bis Eigelb und Eiweiß vermischt sind. Nun die Hälfte der Menge für das Rezept abmessen. Das funktioniert natürlich nicht, wenn ihr Eiweiß und Eigelb getrennt verwenden sollt!

Temperaturen und Garzeiten anpassen?

Die Höhe der Back-Temperatur bleibt fast immer gleich, auch wenn das Rezept halbiert wird. Die Back- oder Kochzeit verkürzt sich allerdings, weil weniger Masse gegart werden muss. Die Zeit reduziert sich jedoch meist nicht genau um die Hälfte. Es dauert oft etwas länger, darum solltet ihr spätestens nach der Hälfte der ursprünglich vorgesehenen Backzeit beginnen, euer Gebäck zu beobachten und **regelmäßig den Garzustand zu überprüfen**.

Für ein Backrezept mit halber Menge liegt die Backzeit normalerweise zwischen ⅔ und ¾ der ursprünglich angegebenen Zeit.

HILFE, DIE MINI-KÜCHLEIN SIND ZU TROCKEN!

Zu lang oder heiß gebacken? Kein Problem! Hier kommen unsere 4 Tricks für Saftigkeit!

Trick 1: Feuchtigkeit „stehlen"
Ihr könnt das Gebäck mit einem Apfel in einer luftdicht verschließbaren Dose 1 Tag lagern, dabei gibt der Apfel Feuchtigkeit ab, die der Teig aufnimmt. Bei Hefeteig funktioniert dies jedoch nicht.

Trick 2: Feuchtigkeit zufügen
Ihr könnt das Gebäck mit Flüssigkeit beträufeln, zum Beispiel mit Apfelsaft, Wein oder Rum. Verteilt die Flüssigkeit gleichmäßig, damit der Teig nicht nur punktuell saftiger wird. Dafür die Küchlein zuvor mehrfach mit einem Zahnstocher einstechen.

Trick 3: Schlaue Rettung
Wenn gar nichts hilft, verarbeitet den Kuchen zu Rumkugeln! Dazu einfach den Kuchen zerbröseln, mit etwas geschmolzener Schokolade und Rum mischen und zu Kugeln formen.

Trick 4: Im Varoma® garen
Damit eure Miniküchlein erst gar nicht Gefahr laufen, zu trocken zu werden, könnt ihr sie im Varoma® dämpfen, anstatt sie im Ofen zu backen. So werden sie garantiert supersaftig!

Charlotte

Für Back-Experimente bin ich immer zu haben. So habe ich schon fast all meine Lieblingskuchen auch mal in kleiner Form zubereitet und staune jedes Mal, wie gut das Mini-Gebäck ankommt. Meine besten Tipps verrate ich euch hier!

KLEINE IDEE, GROSSE WIRKUNG

Aus allen klassischen Rührteigen – ansonsten in der Kasten- oder Springform gebacken – könnt ihr wahlweise **12 Muffins oder 24 Mini-Muffins** backen. Zum Portionieren verwenden wir gern einen Eisportionierer. Aus einem klassischen Springform- oder Kastenkuchen könnt ihr alternativ zwei oder drei kleine Springform- oder Kastenkuchen backen. Je nach Größe eurer Formen. Statt ganzer Waffeln könnt ihr auch mal **„Waffeltropfen"** ausbacken und wie Popcorn servieren! Aus einem Hefeteig für ein süßes Brot oder einen Stollen könnt ihr jederzeit **12 kleine süße Brötchen bzw. kleine Stollen** formen – frei aufs Blech gesetzt oder auch in der Muffinform gebacken. Sie alle begeistern aufgrund ihrer niedlichen Größe und passen auf kleine, süße Teller!

KREATIVE BACKFORMEN

In eurem Haushalt finden sich bestimmt mehr backofenfeste oder hitzebeständige Formen, als ihr denkt. Jede Gratin- oder Auflaufform könnt ihr verwenden, um einen Blechkuchen im Kleinformat zu backen. Crème-brulée-Förmchen geben perfekte Muffinformen ab. Auch manche Servier- oder Tapas-Schale sowie all eure Einmachgläser sind ofenfest und können als Backformen dienen. Schaut euch um!

KLEINE BACKFORMEN

Sternenhimmel am Tisch
Statt „Standardmuffin" jetzt Stern-Küchlein backen! Die Silikonform „Stars" von Birkmann backt Sterne mit einem Durchmesser von 7 cm. Ca. 20 Euro, www.birkmann.de

Kleiner Kasten
Perfekt für „halbe Sachen"! Anstelle eines großen könnt ihr mit der antihaftbeschichteten Form zwei kleine Kastenkuchen oder Stollen backen – auch im Varoma®! Ca. 9 Euro, www.shop.zaubertopf.de

Süße Form für süßes Gebäck
Die Silikonform für 7 Muffins, Küchlein oder Eisportionen passt in den Varoma® oder den Einlegeboden. Aus 100 % lebensmittelechtem Silikon, hitzebeständig, gefrierfest. Ca. 13 Euro, www.shop.zaubertopf.de

Kernige Leckerbissen

Für alle, die es besonders crunchy mögen: Hier verleihen Nüsse Gebäck, Schokolade und Desserts das gewisse Etwas

Nussknacker
Rezept auf Seite 130

Foto: Frauke Antholz (1) | Illustrationen: Archiv (1)

Mokka-Nuss-Taler

Rezept auf Seite 130

SCHÖN KNUSPRIG,
MIT FEINER
KAFFEENOTE

Nussküchlein mit Orangen-Honig

01 10 std : min

LOW CARB LOW FAT

PRO STÜCK: 580 KCAL | 9 G E | 42 G F | 43 G KH

ZZGL. 1 STD. RUHEZEIT

ZUTATEN FÜR 12 STÜCK

* 100 g Walnusskerne
* 100 g Haselnusskerne
* 50 g Paranusskerne
* 50 g Pekannusskerne
* 300 g Mehl Type 405 zzgl. etwas mehr zum Verarbeiten
* 170 g Zucker
* 1 TL Kardamompulver
* 2 Prisen Salz
* 225 g kalte Butter, in Stücken, zzgl. etwas mehr zum Fetten
* 1 Ei
* 150 g Sahne
* 90 g Honig
* Abrieb von ½ unbehandelten Orange
* 4 EL Orangensaft
* etwas Vanilleeis nach Belieben

1 Walnüsse, Haselnüsse, Paranüsse sowie Pekannüsse im **4 Sek. | Stufe 5** grob zerkleinern. Die gehackten Nüsse umfüllen und beiseitestellen.

2 Für den Teig Mehl, 100 g Zucker, Kardamom, 1 Prise Salz, 200 g Butter sowie das Ei im **4 Min. |** verkneten. Den Teig in Frischhaltefolie gewickelt 1 Std. kalt stellen. Den spülen. Die 12 Mulden eines Muffinblechs mit etwas Butter fetten und mit etwas Mehl bestäuben.

3 Den Teig auf der leicht bemehlten Arbeitsfläche durchkneten und in 12 gleich große Portionen teilen. Diese in die Mulden des Muffinblechs geben und den Teig jeweils gleichmäßig dick an Boden und Rand drücken. Das Muffinblech kalt stellen. Den Backofen auf 190 °C Ober-/Unterhitze vorheizen.

4 Für die Füllung Sahne, übrigen Zucker und 50 g Honig in den geben und alles **6 Min. | 90 °C | Stufe 1** aufkochen.

5 Nüsse, 1 Prise Salz, restliche Butter sowie den Orangenabrieb zufügen und weitere **2 Min. | 90 °C | Stufe 1** köcheln.

6 Die heiße Nussmasse gleichmäßig auf die vorbereiteten Teigmulden verteilen und das Muffinblech in den vorgeheizten Ofen geben. Die Nussküchlein 20–25 Min. backen. Mit Alufolie abdecken, sollten sie drohen zu dunkel zu werden. Die Küchlein in der Form auf einem Kuchengitter abkühlen lassen, dann herauslösen und vollständig auskühlen lassen. Den spülen.

7 Inzwischen restlichen Honig und Orangensaft im **10 Min. | 90 °C | Stufe 1** sirupartig einkochen lassen. Die Nussküchlein mit der heißen Honigmischung beträufeln – sie wird beim Erkalten fest wie Karamell.

>TIPP Zum Beispiel mit Vanilleeis servieren.

Fotos: Frauke Antholz (1); Ira Leoni (1)

Karamell-Walnuss-Torte

01 40
std : min

PRO STÜCK: 598 KCAL | 11 G E | 41 G F | 48 G KH
ZUTATEN FÜR 14 STÜCKE

- 150 g Walnusskerne
- 200 g Vollmilchkuvertüre, in Stücken
- 400 g weiche Butter, in Stücken
- 7 Eier
- 1 Prise Salz
- 300 g Rohrzucker (z. B. Sweet Family Fairtrade)
- 230 g Mehl Type 405
- 2 TL Backpulver
- 100 g Kondensmilch
- 1 Pck. Vanillepuddingpulver
- 500 g Milch

1 Eine Springform (18 cm Ø) mit Backpapier auslegen. Den Backofen auf 180 °C Ober-/Unterhitze vorheizen.

2 100 g Walnüsse in den geben, **4 Sek. | Stufe 5** hacken, umfüllen und beiseitestellen. Die Kuvertüre im **6 Sek. | Stufe 7** zerkleinern. Dann 150 g Butter zufügen und **3 Min. | 70 °C | Stufe 2** schmelzen. Geschmolzene Butter-Kuvertüre-Mischung umfüllen. Den spülen.

3 Den Rühraufsatz in den einsetzen. Eier und Salz im **3 Min. | Stufe 3,5** schaumig schlagen. 150 g Rohrzucker zugeben, alles weitere **4 Min. | Stufe 3** schaumig rühren. Den Rühraufsatz entfernen. Mehl und Backpulver **2 Min. |Stufe 4** unterrühren. Walnüsse und die Butter-Kuvertüre-Mischung vorsichtig mit dem unterheben. Den Teig in die Springform füllen, im heißen Ofen etwa 1 Std. 5 Min. backen. Den spülen.

4 Inzwischen für den Karamell 150 g Rohrzucker mit 4 EL Wasser in einem Topf aufkochen und karamellisieren. 20 g Butter mit der Kondensmilch unterrühren und 2 Min. köcheln lassen. Die Hälfte des Karamells in eine Schüssel gießen und beiseitestellen.

5 Puddingpulver mit 6 EL Milch verrühren. Übrige Milch sowie die Hälfte des Karamells im **8 Min. | 90 °C | Stufe 2** erhitzen. Angerührtes Puddingpulver zugeben, **7 Min. | 90 °C | Stufe 2** kochen. Pudding umfüllen, mit Frischhaltefolie bedecken und auf Zimmertemperatur abkühlen lassen.

6 230 g weiche Butter im **5 Min. | Stufe 3** cremig rühren, währenddessen Pudding esslöffelweise durch die Deckelöffnung zugeben.

7 Den Kuchen aus der Form lösen und zweimal durchschneiden. Die Böden mit der Creme bestreichen und zusammensetzen. Die Torte mit den übrigen Walnüssen belegen und mit der Karamellsoße übergießen.

Noch mehr Lust auf gute Ideen? Schaut vorbei!
WWW.INSTAGRAM.COM/ZAUBERTOPF.DE

Macadamianuss-Plätzchen
Rezept auf Seite 130

Fotos: SweetFamily (2)

Nussknacker

01 00 std : min

PRO STÜCK: 147 KCAL | 2 G E | 8 G F | 16 G KH

ZUTATEN FÜR 30 STÜCK

- 450 g Haselnusskerne
- 300 g Zucker
- 3 TL Butter
- 3 EL flüssiger Honig
- 300 g Zartbitterkuvertüre, in Stücken

1 | Den Ofen auf 160 °C Umluft vorheizen. Haselnüsse im heißen Ofen auf einem mit Backpapier ausgelegten Blech auf mittlerer Schiene etwa 15 Min. rösten, danach auf ein Handtuch geben und damit die Nusshäutchen abreiben. Nüsse zurück auf das Blech geben und im Ofen warm halten.

2 | Zucker mit 100 ml Wasser in einen großen Topf geben und bei mittlerer Hitze langsam schmelzen. Die Mischung so lange köcheln lassen, bis sie beginnt, sich goldbraun zu verfärben.

3 | Butter mit Honig zum Karamell geben und so lange weiter Hitze zuführen, bis die Masse eine homogene Konsistenz hat. Warme Nüsse zufügen und unter Rühren komplett mit Karamell überziehen. Dabei darauf achtgeben, dass das Karamell nicht zu dunkel und damit bitter wird.

4 | Masse mithilfe von 2 Löffeln in Form von etwa 30 kleinen Talern auf mit Backpapier belegte Bleche setzen.

5 | Kuvertüre in den Mixtopf geben, **5 Sek. | Stufe 7** zerkleinern und anschließend **3 Min. | 50 °C | Stufe 1** schmelzen. 2 Bögen Backpapier bereitlegen. Sobald die Kuvertüre flüssig ist, je 1–2 TL davon auf das Backpapier geben, die Nusstaler darauflegen.

6 | Die Nusstaler auskühlen lassen und zwischen Butterbrotpapier geschichtet in einer Blechdose aufbewahren. So sind sie 4–6 Wochen haltbar.

Mokka-Nuss-Taler

00 40 std : min

PRO STÜCK: 39 KCAL | 1 G E | 1 G F | 5 G KH

ZZGL. 3 STD. RUHEZEIT

ZUTATEN FÜR 65 STÜCK

- 130 g Haselnusskerne
- 50 g Zartbitterschokolade, in Stücken
- 125 g weiche Butter, in Stücken
- 1 Ei
- 190 g Mehl Type 405
- 100 g Zucker
- 1 EL selbst gemachter Vanillezucker
- 15 g feines Instant-Kaffeepulver
- 60 g Stärke
- 1 TL Backpulver
- 1 Prise Salz

1 | Die Haselnusskerne mit der Schokolade in den Mixtopf geben, **3 Sek. | Stufe 6** zerkleinern und umfüllen. Butter und Ei im Mixtopf **1 Min. | Stufe 3** cremig schlagen. Restliche Zutaten sowie die Schoko-Nuss-Mischung zugeben, **3 Min. |** verkneten. Den Teig zu 3 cm dicken Rollen formen und in Folie gewickelt 3 Std. kühlen.

2 | Den Backofen auf 200 °C Ober-/Unterhitze vorheizen. Teig aus dem Kühlschrank nehmen, in 0,5 cm breite Scheiben schneiden. Mit etwas Abstand zueinander auf mit Backpapier belegte Bleche setzen, nacheinander im Ofen etwa 10 Min. backen. Herausnehmen, abkühlen lassen und zwischen Lagen Backpapier in Dosen lagern. Etwa 4 Wochen haltbar.

\>TIPP Die Mokka-Nuss-Taler lassen sich auch super als Backmischung verschenken! Vermischt dafür den Zucker mit dem Vanillezucker und Kaffeepulver, die Stärke mit Backpulver und Salz und schichtet alles gemeinsam mit Mehl, Zartbitterschokolade und Haselnusskernen in ein großes Glas. Butter und Ei lasst ihr weg, diese beiden Zutaten muss der Beschenkte bei der Zubereitung zufügen.

Macadamianuss-Plätzchen

00 40 std : min

PRO STÜCK: 59 KCAL | 1 G E | 3 G F | 6 G KH

ZZGL. 1 STD. RUHEZEIT

ZUTATEN FÜR ETWA 40 STÜCK

- 50 g Macadamianusskerne, gesalzen
- 180 g Dinkelmehl Type 630
- 100 g weiche Butter, in Stücken
- 75 g brauner Zucker (z. B. SweetFamily Bio-Zucker) zzgl. etwas mehr zum Verzieren
- 2 Eier
- 30 g Sesamsaat
- 30 g Hagelzucker
- 30 g Cranberrys, gehackt

1 | Macadamianüsse im Mixtopf **10 Sek. | Stufe 8** mahlen. Mehl, Butter, Zucker sowie 1 Ei zugeben und **2 Min. |** zu einem glatten Teig verkneten. In Frischhaltefolie wickeln und etwa 1 Std. im Kühlschrank ruhen lassen.

2 | Den Backofen auf 175 °C Ober-/Unterhitze vorheizen. Den Teig 5 mm dick ausrollen und weihnachtliche oder winterliche Motive ausstechen. Die Plätzchen auf mit Backpapier ausgelegten Blechen verteilen.

3 | Zum Verzieren 1 Ei verquirlen, die Plätzchen damit bestreichen, nach Wahl mit Sesam, Hagelzucker und Cranberrys bestreuen und im heißen Backofen 12–14 Min. goldbraun backen. Plätzchen auf Kuchengittern auskühlen lassen und anschließend servieren.

\>TIPP Die Plätzchen lassen sich in Gebäckdosen prima mehrere Wochen aufbewahren.

ZUM VERSCHENKEN UND SELBSTGENIESSEN

Backen mit Nüssen

Sie sind die perfekte Zutat für den Crunch-Effekt. Im Thermomix® könnt ihr Nüsse und Kerne zu glutenfreiem, aromatischem Mehl verarbeiten und sogar Mus oder Butter als Basiszutaten herstellen

NUSSKROKANT

Basis REZEPT

00 | 25 std : min

LOW CARB LOW FAT

PRO PORTION (30 G):
181 KCAL | 3 G E | 16 G F | 9 G KH
ZUTATEN FÜR 1 GLAS À 850 ML

Ein köstliches Topping, das sich in wenigen Minuten einfach selbst zubereiten lässt. Krokant schmeckt zum Beispiel super auf Milchreis, Pudding oder Vanilleeis und macht darin gerollte Pralinen extra crunchy. Ob mit Haselnüssen, Walnüssen oder Mandeln – lecker wird es immer!

Den Backofen auf 200 °C Ober-/Unterhitze vorheizen. 400 g Nusskernmischung in den geben und **3 Sek. | Stufe 5** zerkleinern. Dann 120 g Butter in Stücken, 40 g Sahne und 150 g Zucker zufügen, **3 Min. | 100 °C | Stufe 2** erwärmen. Mit dem durchrühren und erneut **2 Min. 30 Sek. | 100 °C | | Stufe 1** mixen. Die Masse auf ein mit Backpapier ausgelegtes Blech verteilen und 8 Min. backen. Sorgfältig wenden, weitere 7 Min. backen. Dann erneut wenden und abkühlen lassen. Verbraucht das Krokant am besten solange es knusprig ist.

EINFACH AUSTAUSCHEN

Natürlich könnt ihr Nüsse in Rezepten durch andere ersetzen. Jedoch sind sie nicht beliebig austauschbar, da Fettgehalt, Geschmack und Konsistenz variieren. Hier sind einige Beispiele, welche Sorten ihr gegeneinander austauschen könnt, wenn die passende Zutat fehlt:

Haselnüsse	↔	Mandelkerne
Macadamianüsse	↔	Walnüsse, Cashews
Paranüsse	↔	Walnüsse, Cashews
Pekannüsse	↔	Walnüsse

CRUNCHY ERDNUSSBUTTER

Basis REZEPT

00 | 20 std : min

LOW CARB LOW FAT

PRO PORTION (30G):
174 KCAL | 8 G E | 14 G F | 7 G KH
ZUTATEN FÜR 1 GLAS À 550 ML

Backofen auf 220 °C Ober-/Unterhitze vorheizen. 500 g geschälte Erdnüsse auf einem mit Backpapier belegten Blech verteilen, 10 Min. im vorgeheizten Ofen rösten. Herausnehmen und etwas auskühlen lassen. 400 g der gerösteten Erdnüsse in den geben. Je nach Geschmack 30–40 g Honig und 1 Prise grobes Meersalz hinzufügen und alles **40 Sek. | Stufe 8** vermengen. Die Masse mit dem nach unten schieben. Das Erdnussmus erneut **3 Min. | Stufe 7** vermischen, dabei alle 30 Sek. mit dem nach unten schieben. Die restlichen Erdnüsse in den geben und **5 Sek. | Stufe 6** untermischen. Die Erdnussbutter in ein steriles Glas füllen und gut verschließen. Im Kühlschrank ist die Erdnussbutter bis zu 1 Monat haltbar.

>TIPP Ihr könnt diese leckere Erdnussbutter zum Beispiel als schnelle Füllung für Bratäpfel verwenden – ein Rezept findet ihr auf Seite 54.

SO VIELE MÖGLICHKEITEN!

Nüsse sorgen in Gebäck, Pralinen und Desserts für eine kernig-aromatische Komponente. Ihr könnt Haselnuss-, Mandel- oder Erdnusskerne beispielsweise zu Nussmus oder Nussbutter verarbeiten und als Füllung für Weihnachtsplätzchen, Stollen und Torten verwenden. Grobe Nussstücke peppen selbst gemachte Bruchschokolade auf oder sorgen für Biss in Brownies und Kuchen. Natürlich könnt ihr Nusskerne auch mahlen, Pralinen damit bestreuen und Rumkugeln darin wälzen. Eurer Fantasie sind keine Grenzen gesetzt!

RICHTIG VERARBEITEN

Harte Nüsse: Haselnüsse, Mandelkerne
Mahlen: **15 Sek. | Stufe 7**
Hacken: **5 Sek. | Stufe 6**

Weiche Nüsse: Walnüsse, Cashews
Mahlen: **10 Sek. | Stufe 7**
Hacken: **4 Sek. | Stufe 5**

Möchtet ihr beide Nusssorten kombinieren, die Zeit nur um einige Sekunden erhöhen.

NÜSSE STATT MEHL – GUT UND GLUTENFREI

Fein gemahlen können Haselnüsse und Mandeln das Mehl in Backrezepten ganz oder teilweise ersetzen. Eine Mehl-Nuss-Mischung macht's kerniger, als es sonst wäre, nur mit Nüssen ist's glutenfrei! So werden aus euren Lieblingsplätzchen und -kuchen ganz schnell mal andere Gebäcke – auch wenn vielleicht einfach nur kein Mehl im Haus ist.

Fotos: Frauke Antholz (1); Archiv (1) | Illustration: Archiv (1)

Einfach besonders

Habt ihr schon mal vom Trend der „Number Cakes" gehört? Es sind Torten in Form einer Ziffer, die das Alter des Geburtstagskindes anzeigen.

Wir haben diese Idee aufgegriffen und daraus einen Weihnachtsstern gebacken. Anstelle von Früchten und Blüten dekorieren wir in dieser Festzeit mit Zuckerstangenbruch, goldenen Perlen und Zimtstaub

Foto & Styling: Ira Leoni

Vivien

Ich liebe einfache, aber wirkungsvolle Gebäcke. Denn die Geduld zum Tortenbacken habe ich nicht. Ich bin von Haus aus eher Brot-, Keks- und Kuchenbäckerin. Daher ist dieser Sternen-Number-Cake das perfekte „Zwischending" für mich, um auch mal etwas Glamouröses zu servieren. Ich backe einfach zwei riesige Plätzchen und setze ihnen eine Mascarponehaube auf. Ganz nach meinem Geschmack!

Sternentorte

01 00 std : min

LOW CARB LOW FAT

PRO STÜCK: 409 KCAL | 8 G E | 15 G F | 60 G KH

ZZGL. 1 STD. RUHEZEIT

ZUTATEN FÜR 12 STÜCKE

- ★ 255 g Honig
- ★ 105 g brauner Zucker
- ★ 45 g Butter
- ★ 450 g Mehl Type 405
- ★ 2 TL Lebkuchengewürz
- ★ 25 g Kakaopulver
- ★ 1 Msp. Ingwerpulver
- ★ 2 TL Backpulver
- ★ 1 Ei
- ★ 60 g weiße Schokolade, in Stücken
- ★ ½ TL Zimtpulver
- ★ 150 g Mascarpone
- ★ 40 g Puderzucker, gesiebt
- ★ 150 g Frischkäse
- ★ rot-weiße Zuckerstangen (ggf. zerbröselt)
- ★ rote und goldene Zuckerperlen

1 | Für den Teig Honig mit Zucker sowie Butter in den geben und **6 Min. | 80 °C | Stufe 2,5** erwärmen. Die Masse etwas abkühlen lassen.

2 | Mehl, Lebkuchengewürz, Kakao, Ingwer und Backpulver mischen, zusammen mit dem Ei in den zur Honig-Butter-Zucker-Masse geben. **2 Min. |** verrühren. Den Teig in Frischhaltefolie wickeln, für 1 Std. in den Kühlschrank legen.

3 | Backofen auf 175 °C Ober-/Unterhitze vorheizen. Den Teig in zwei Portionen teilen. Jeweils auf einer bemehlten Arbeitsfläche etwa 3–5 mm dick ausrollen und auf ein Backpapier legen. Nun den Teig in großer Sternform ausschneiden und mit einem sternförmigen Loch in der Mitte versehen. Den Stern mit dem Backpapier vorsichtig auf ein Blech ziehen und im Ofen etwa 10–12 Min. backen. Anschließend auf einem Kuchengitter auskühlen lassen.

4 | Den Vorgang mit der zweiten Teighälfte wiederholen. Aus dem übrigen Teig kleine Lebkuchensternchen ausstechen und etwa 5–7 Min. backen. Aus dem Ofen holen und auf einem Kuchengitter auskühlen lassen.

5 | Für die Zimtcreme die Schokolade in den geben und **6 Sek. | Stufe 8** fein zerkleinern. Zimt zugeben und **5 Min. | 50 °C | Stufe 2** schmelzen. Umfüllen und beiseitestellen.

6 | Die Mascarpone mit Puderzucker sowie Frischkäse in den geben und **20 Sek. | Stufe 3,5** verrühren. **1 Min. | Stufe 3** einstellen und dabei die Schokolade durch die Deckelöffnung zugießen. Die Creme in zwei Spritzbeutel mit unterschiedlich großer Spritztülle füllen. 15 Min. kalt stellen.

7 | Auf einen Boden die Creme in Tupfen spritzen und den zweiten Boden auflegen. Erneut mit Tupfen bespritzen. Nun den Kuchen mit Sternchen, Zuckerperlen und -stangen nach Belieben verzieren. Bis zum Servieren kalt stellen.

Foto: Anna Gieseler (1) | Illustrationen: Getty Images/mers1na (1)

Gebrannte-Mandel-Creme
Rezept auf Seite 140

Aufgestrichen gut!

Mit Apfelstrudel-Konfitüre, Schoko-Aufstrich und Orangengelee verleiht ihr Frühstück oder Brotzeit eine winterliche Note. Ins Glas gefüllt eignen sich unsere schnell gemixten Aufstriche perfekt zum Verschenken!

Orangen-Cashew-Aufstrich
Rezept auf Seite 140

Fotos: SweetFamily (1); Sophia Handschuh (1) | Illustration: Getty Images/ GOLDsquirrel

Jeder Löffel ein Genuss!

Orangengelee
Rezept auf Seite 141

Schoko-Haselnuss-Aufstrich
Rezept auf Seite 140

Fotos: Jorma Gottwald (1); Sophia Handschuh (1)

Apfelstrudel-Konfitüre
Rezept auf Seite 141

So viel Aroma!

Cashewcreme mit Kardamom
Rezept auf Seite 141

Fotos: Jorma Gottwald (1); SweetFamily (1)

Orangen-Cashew-Aufstrich

00 05 std : min

PRO PORTION (30 G): 180 KCAL | 4 G E | 13 G F | 11 G KH
ZUTATEN FÜR 2 GLÄSER À 150 ML

- ★ **Zesten von 1 unbehandelten Orange**
- ★ **200 g Cashewkerne**
- ★ **80 g Kokosblütenzucker**
- ★ **60 g Kokosöl**

1 | Orangenzesten mit Cashewkernen in den geben und **20 Sek.** | **Stufe 8** zerkleinern. Danach mit dem nach unten schieben.

2 | Kokosblütenzucker hinzufügen und **20 Sek.** | **Stufe 10** zerkleinern.

3 | Kokosöl in den geben und alles **2 Min.** | **Stufe 5** cremig rühren.

4 | Den Aufstrich in sterile Gläser füllen und im Kühlschrank aufbewahren. So gelagert ist er bis zu 4 Wochen haltbar.

> **HELFERLEIN** Mit dem Calotti® Drehkellenspatel holt ihr Aufstriche, Teige und Soßen im Nullkomma-nichts aus dem . Seine Kelle passt perfekt zwischen die Mixmesser, dadurch sammelt er auch die letzten Reste auf. 19,45 Euro, erhältlich unter www.shop.zaubertopf.de

Gebrannte-Mandel-Creme

00 30 std : min

PRO PORTION (30 G): 123 KCAL | 3 G E | 8 G F | 11 G KH
ZZGL. 1 STD. KÜHLZEIT
ZUTATEN FÜR 2 GLÄSER À 230 ML

- ★ **120 g Wasser**
- ★ **150 g brauner Zucker (z.B. SweetFamily Bio-Zucker)**
- ★ **Mark von ½ Vanilleschote**
- ★ **200 g Mandelkerne**
- ★ **1 Prise Meersalz**
- ★ **2 EL Sonnenblumenöl**

1 | Wasser, Zucker, Vanillemark in den geben, **4 Min.** | **100 °C** | **Stufe 2** aufkochen. Mandelkerne zufügen und ohne Messbecher **13 Min.** | **Varoma®** | | **Stufe 1** kochen. Die Mandeln auf einem mit Backpapier ausgelegten Backblech verteilen und 1 Std. auskühlen lassen. spülen.

2 | Ausgekühlte Mandeln mit Salz und Öl in den geben und **20 Sek.** | **Stufe 10** mahlen. Mit dem nach unten schieben und den Vorgang wiederholen. Anschließend zweimal **20 Sek.** | **Stufe 6** mixen. Zwischendurch mit dem nach unten schieben und erneut zweimal **10 Sek.** | **Stufe 6** mixen, bis das Mus eine cremige Konsistenz bekommt.

3 | Den Aufstrich anschließend in sterile Gläser füllen und verschließen. Er ist gekühlt mehrere Wochen haltbar.

> **TIPP** Für einen extrawürzigen Touch gebt noch eine Prise Zimt dazu. Das schmeckt nicht nur an den Feiertagen!

Schoko-Haselnuss-Aufstrich

00 20 std : min

PRO PORTION (30 G): 150 KCAL | 3 G E | 12 G F | 8 G KH
ZUTATEN FÜR 2 GLÄSER À 200 ML

- ★ **200 g Haselnusskerne**
- ★ **100 g Vollmilchschokolade, in Stücken**
- ★ **50 g brauner Zucker**
- ★ **100 g Milch**
- ★ **30 g Sonnenblumenöl**
- ★ **1 Prise Salz**

1 | Backofen auf 180 °C Ober-/Unterhitze vorheizen. Haselnusskerne auf einem mit Backpapier ausgelegten Blech verteilen und 10 Min. im Ofen rösten, dabei darauf achten, dass sie nicht zu dunkel werden. Herausnehmen und etwas abkühlen lassen.

2 | Die ausgekühlten Haselnusskerne in den geben und **15 Sek.** | **Stufe 6** zerkleinern. Mit dem nach unten schieben und den Vorgang dreimal wiederholen.

3 | Die restlichen Zutaten in den hinzufügen und **10 Sek.** | **Stufe 7** zerkleinern. Mit dem nach unten schieben und **3 Min.** | **50 °C** | **Stufe 3** cremig rühren. Nach Geschmack erneut **20 Sek.** | **Stufe 8** pürieren. Den Aufstrich in sterile Gläser füllen. Er ist gekühlt etwa 1 Woche haltbar.

> **TIPP** Den Geschmack des Schokoladenaufstrichs könnt ihr mit der Wahl eurer Schokoladensorte variieren. Wer es gern herber mag, verwendet anstelle von Vollmilch- einfach Zartbitterschokolade. Wer Lust auf einen weißen Aufstrich hat, setzt weiße Schokolade ein. Grundsätzlich gilt bei Rezepten mit so wenigen Zutaten: Verwendet hochwertige Produkte – denn man schmeckt den Unterschied!

Orangengelee mit Ingwer

00 45 std : min

LOW CARB LOW FAT

PRO PORTION (30 G): 43 KCAL | 1 G E | 0 G F | 12 G KH

ZUTATEN FÜR 5 GLÄSER À 250 ML

- ★ **500 g Gelierzucker 2:1**
- ★ **Abrieb von 2 unbehandelten Orangen**
- ★ **1300 g unbehandelte Orangen, geschält und in Spalten**
- ★ **40 g Ingwer**
- ★ **50 g Zitronensaft**

1 | Gelierzucker und Orangenabrieb in den geben, **10 Sek. | Stufe 10** pulverisieren und umfüllen.

2 | Orangenspalten mit Ingwer in den geben und **10 Sek. | Stufe 10** zerkleinern. Fruchtpüree durch ein feines Sieb streichen (am besten mithilfe einer Suppenkelle, in kreisenden Bewegungen), sodass grobe Stücke der Trennhäute entfernt werden.

3 | 800 g Fruchtpüree, Zitronensaft sowie Gelierzuckermischung in den geben und **5 Sek. | Stufe 5** mischen. Anstelle des Messbechers den Garkorb als Spritzschutz auf den Deckel des stellen und **18 Min. | Varoma® | Stufe 2** kochen.

4 | Entstandenen Schaum von der Oberfläche der Konfitüre abschöpfen und Gelierprobe machen. Gelee in sterile Gläser füllen, sofort verschließen und abkühlen lassen. Kühl aufbewahrt hält die Konfitüre etwa 3 Monate.

Apfelstrudel-Konfitüre

00 40 std : min

LOW CARB LOW FAT

PRO PORTION (30 G): 104 KCAL | 0 G E | 0 G F | 25 G KH

ZUTATEN FÜR 6 GLÄSER À 200 ML

- ★ **50 g gehackte Mandelkerne**
- ★ **Abrieb und Saft von 2 unbehandelten Zitronen**
- ★ **½ Vanilleschote**
- ★ **1 TL Zimtpulver**
- ★ **500 g Gelierzucker 2:1**
- ★ **800 g säuerliche Äpfel, geschält, entkernt, geviertelt**
- ★ **100 g Apfelsaft**
- ★ **60 g Rosinen**

1 | Die Mandeln in einer Pfanne bei mittlerer Hitze unter Rühren goldbraun rösten, umfüllen und abkühlen lassen.

2 | Zitronenabrieb, Vanilleschote, Zimt sowie 50 g Gelierzucker in den geben und alles **10 Sek. | Stufe 10** pulverisieren.

3 | Äpfel, Zitronensaft, Apfelsaft und 450 g Gelierzucker zufügen, **10 Sek. | Stufe 4,5** zerkleinern. Rosinen mit Mandeln zugeben und alles **15 Min. | 100°C | | Stufe 2** kochen.

4 | Eine Gelierprobe machen. Konfitüre – am besten durch einen Einfülltrichter – randvoll in sterile Gläser füllen und sofort fest verschließen. Die Gläser 5 Min. auf den Deckel stellen, dann umdrehen, auf einem Gitter abkühlen lassen. Die Konfitüre hält sich mindestens 3 Monate.

>TIPP Schmeckt grandios auf Brot und Stollen, aber auch als Topping für Kartoffelpuffer oder zu Waffeln und Vanilleeis.

Cashewcreme mit Kardamom

00 20 std : min

LOW CARB LOW FAT

PRO PORTION (30 G): 174 KCAL | 5 G E | 13 G F | 11 G KH

ZUTATEN FÜR 1 GLAS À 300 ML

- ★ **250 g Cashewkerne**
- ★ **2–3 Kardamomkapseln**
- ★ **60 g brauner Zucker (z.B. SweetFamily Bio-Zucker)**
- ★ **1 Prise Meersalz**
- ★ **2 EL Sonnenblumenöl**

1 | Cashewkerne in einer Pfanne ohne Fett unter Wenden leicht anrösten. Auf einen Teller geben und abkühlen lassen.

2 | Kardamomsamen aus den Kapseln lösen und mit Cashewkernen, Zucker, Salz sowie Öl in den geben und **20 Sek. | Stufe 10** mahlen. Alles mit dem nach unten schieben und Vorgang wiederholen. Danach zweimal **20 Sek. | Stufe 6** mixen. Zwischendurch die Masse mit dem nach unten schieben und erneut **10 Sek. | Stufe 6** mixen, bis der Aufstrich eine cremige Konsistenz bekommt.

3 | Nach Belieben mit mehr zerstoßenem Kardamom abschmecken. Creme in sterile Gläser füllen und verschließen. Die Creme ist gekühlt mehrere Wochen haltbar.

>TIPP Die Creme schmeckt als Brotaufstrich, ihr könnt sie aber auch als Topping für Joghurt, Müsli, Porridge und Pancakes, zu Waffeln oder als Teigzutat in Kuchen und Keksen verwenden.

Foto: Archiv (1)

Süße Aufstriche

Mit Früchten, Schokolade, Gewürzen und sogar Gebäck sowie Resten davon könnt ihr im Thermomix® rasant geniale Brotaufstriche oder Alternativen zu Butter für Stollen und Honigkuchen mixen

AUS 2 MACH 1

Basis
Frischkäse
Butter
Schmand

Aroma-Kick
gefriergetrocknete Beeren
Trockenfrüchte
Nüsse
frische Beeren
zerkrümelte Kekse

Für einen selbst gemachten süßen Aufstrich braucht es kaum mehr als zwei gute Zutaten: eine Basis und eine Aroma-Komponente. Die Basis für eine cremige Variante sind Butter oder Frischkäse. Jetzt zur Adventszeit könnt ihr sie mit klassischen Zutaten der Plätzchenbackstube kombinieren oder mit Zutaten aus der Vorratskammer. Zerkleinert zunächst die „Aroma-Kick"-Zutat, füllt sie um. Schlagt Frischkäse oder Butter luftig auf und hebt die „Aroma-Kick"-Zutat kurz mit dem unter.

KEKS- UND KUCHENBUTTER

Saftiger Stollen oder aromatischer Honigkuchen wird traditionell mit einem Stück Butter serviert, denn diese zwei harmonieren wunderbar. Daher liegt es doch nahe, aus Butter und Gebäck eine neue Kreation zu erschaffen: die Kuchenbutter!

In Stollen und Honigkuchen sowie in Lebkuchen steckt wahnsinnig viel Geschmack. Mit nur einer Scheibe des saftigen Gebäcks und einem Stück zimmerwarmer Butter mixt ihr in Sekunden einen genialen Brotaufstrich, der das Adventsfrühstück zu etwas Besonderem macht.

Und so geht's: 100 g weichen Kuchen oder Stollen in Stücken in den geben und **4 Sek. | Stufe 5** zerkleinern. Streusel umfüllen. Dann 250 g zimmerwarme Butter in den geben und **30 Sek. | Stufe 4** cremig aufschlagen. Mit dem nach unten schieben und die Kuchenstreusel zufügen. Alles **3 Sek. | | Stufe 5** verrühren. Die Butter anschließend sofort servieren oder auf einen Bogen Backpapier geben, damit eine Rolle formen, an den Enden verschließen und die Butter im Kühlschrank fest werden lassen. Innerhalb von 1 Woche verbrauchen.

Ihr könnt für diese Art des Aufstrichs auch Plätzchen und Pralinen verwenden. So wird aus euren selbst gemachten Leckereien oder euren Lieblingskeksen der perfekte Brötchenbelag!

>TIPP Die Butter solltet ihr 12 Stunden vor der Verwendung aus dem Kühlschrank nehmen, nur dann lässt sie sich geschmeidig aufschlagen.

LEBKUCHENCREME

00 | 10 std : min

LOW CARB · LOW FAT

Basis REZEPT

PRO PORTION (1 EL):
37 KCAL | 0 G E | 3 G F | 3 G KH
ZUTATEN FÜR 1 GLÄSER À 270 ML

50 g Zartbitterschokolade in Stücken im **5 Sek. | Stufe 8** zerkleinern, mit dem nach unten schieben. 100 g Sahne zugeben, **4 Min. | 60 °C | Stufe 1** schmelzen. Je 2 TL Puderzucker und Lebkuchengewürz zufügen und **1 Min. | 50 °C | Stufe 2,5** verrühren. Wer es etwas süßer mag, gibt noch etwas mehr Puderzucker dazu.

ZITRUSFRUCHT-CURD

00 25 std : min

LOW CARB LOW FAT

PRO PORTION (1 EL):
29 KCAL | 0 G E | 2 G F | 3 G KH
ZUTATEN FÜR 3 GLÄSER À 200 ML

Den Abrieb von 4 unbehandelten Zitronen (alternativ von 3 großen Orangen oder 5 Mandarinen) mit 140 g Zucker in den geben und **20 Sek. | Stufe 8** pulverisieren. 150 g frisch gepressten Zitrussaft, 1 Prise Salz, 120 g weiche Butter in Stücken sowie 3 frische Eier zufügen und alles **20 Sek. | Stufe 6** verrühren. Anschließend mit dem nach unten schieben und **6 Min. | 100 °C | Stufe 3** aufkochen. Danach **15 Min. | 90 °C | Stufe 3** ohne Messbecher köcheln. Nun den Messbecher einsetzen und die Masse **30 Sek. | Stufe 6** pürieren, nach Belieben Zucker zugeben. Den Curd in sterile Gläser füllen, diese dabei bis zum Rand auffüllen und sofort fest verschließen – der Curd zieht sich beim Abkühlen zusammen. Im Kühlschrank lagern.

Für einen Zitrusfrucht-Curd könnt ihr den Saft von Orangen, Zitronen, Grapefruits, Limetten, Mandarinen & Co. verwenden. Auch andere Fruchtsäfte – am besten die säuerlichen – könnt ihr anstelle von frisch gepressten Säften verwenden. Curd schmeckt als Brotaufstrich, als Füllung von Gebäck oder zu Waffeln.

>TIPP Für schnelles Entsaften könnt ihr ab sofort auch den Thermomix® einsetzen. Mit unserer neuen Saftpresse, die ihr direkt auf dem Mixtopf platziert, geht es viel schneller als mit einer herkömmlichen Presse! Mehr siehe ab Seite 74.

GELINGSICHERER CURD

Lemon Curd ist besonders in Großbritannien sehr beliebt. Der herrlich zitronige Cremeaufstrich besteht aus Fruchtsaft, Zucker, Butter und Eiern, die verrührt und aufgekocht werden. Eier zu erwärmen ist üblicherweise etwas heikel, da sie schnell zu stark erhitzt werden können und dann stocken, also Klümpchen bilden. Das kann euch mit dem Thermomix® nicht passieren, da ihr die Temperaturen einfach vorgeben könnt, die der Thermomix® dann für euch hält.

Zu Weihnachten kochen wir extra festlichen Curd, der ein wirklich besonderes Mitbringsel ist und perfekt zu Plätzchen schmeckt. Jetzt passen Aromen wie Orange mit Zimt oder Mandarinen mit Bittermandelaroma. Das Basisrezept für selbst gemachten Curd findet ihr gleich links auf dieser Seite. Jeder Curd, den ihr nach diesem Rezept zubereitet, hält gekühlt gelagert etwa 4 Wochen.

WENIGE ZUTATEN? BESTE QUALITÄT!

In den meisten Aufstrichen, die ihr mit dem Thermomix® selbst macht, sind nur wenige Zutaten enthalten. Damit wisst ihr bei allen Zubereitungen exakt, was drinsteckt. Und genau darum solltet ihr das Beste hineingeben!

Je weniger Zutaten der Aufstrich enthält, desto mehr kann man diese schmecken. Wählt deshalb die hochwertigsten Produkte, die ihr euch leisten könnt – man schmeckt's!

Leckereien in Sekunden!

WERTVOLLE RESTE AM MIXMESSER?

Gar kein Problem! Schaltet den Thermomix® einfach auf **3 Sek. | Stufe 6**. Dabei werden die Reste an den Rand geschleudert und ihr könnt sie ganz leicht mit dem Spatel entnehmen.

Fotos: Archiv (1); Getty Images/iStock/Getty Images Plus/kobeza (1), iStock/Getty Images Plus/sveta_zarzamora (1)

Zimtsterne ohne Zucker
Rezept auf Seite 153

Leichtes Gebäck
Wir backen (S)Low Carb!

Diese Plätzchen kommen ohne Weizenmehl oder Zucker aus
und schmecken selbst ohne diese klassischen Zutaten einfach umwerfend.
Das heißt: leichter knuspern mit gutem Gewissen

Fotos: Désirée Peikert für Bosch (1); Gettyi lages/iStock/Getty Images Plus/vubaz (1)

Jetzt heißt es: Ich gönn' mir was für die Seele!

Svenja

Ich bin Low-Carb-Fan und probiere immer wieder Neues aus. Hier zeige ich euch meine Favoriten aus der Backstube, mit denen ich dieses Jahr meinen bunten Teller und den Winterpicknickkorb befülle. Denn gerade unterwegs fällt's schwer, im Café Low-Carb-Gebäck zu entdecken. Mit diesen Leckereien bin ich auch bei der Schlittenpartie oder beim Eislaufen gut vorbereitet auf die süße Pause.

Zarte Schneeflocken
Rezept auf Seite 154

Leichtes Spritzgebäck
Rezept auf Seite 154

Spitzbuben Low Carb
Rezept auf Seite 154

Fotos: Anna Gieseler (1); Désirée Peikert für Bosch (3)

Fotos: Anna Gieseler (1); Archiv (1) | Illustration: Archiv

Zeit für eine kleine Pause im frischen Schnee

Fotos: Getty Images/iStock/Getty Images Plus/Sergeeva (1)

Einfach mal Neues wagen: Diese Kekse überzeugen auch Zuckerschnuten!

Orangenplätzchen
Rezept auf Seite 155

Zuckerfreie Schokotaler
Rezept auf Seite 155

Haferflockenkekse
Rezept auf Seite 155

Fotos: Désirée Peikert für Bosch (3)

Slow-Carb-Lebkuchen
Rezept siehe rechte Seite

4-Zutaten-Peanutbutter-Cookies
Rezept siehe rechte Seite

So macht Naschen Spaß!

Slow-Carb-Lebkuchen

00 40 std : min

LOW CARB LOW FAT

PRO STÜCK: 304 KCAL | 10 G E | 25 G F | 13 G KH
ZUTATEN FÜR 10 STÜCK

- ★ **1 TL Pottasche**
- ★ **1 TL Wasser**
- ★ **200 g Mandelkerne**
- ★ **50 g Haselnusskerne**
- ★ **80 g Walnusskerne**
- ★ **3 Eier**
- ★ **125 g Erythrit**
- ★ **3 TL Lebkuchengewürz**
- ★ **Abrieb von 1 unbehandelten Orange**
- ★ **120 g Zartbitterschokolade**

1 | Backofen auf 180 °C Ober-/Unterhitze vorheizen. Ein Blech mit Backpapier auslegen. Pottasche mit Wasser mischen und auflösen.

2 | Mandeln in den geben, **20 Sek. | Stufe 9** mahlen und umfüllen. Haselnüsse sowie Walnüsse im nacheinander jeweils **8 Sek. | Stufe 6** hacken und ebenfalls umfüllen.

3 | Eier mit Erythrit in den geben und **2 Min. | Stufe 5** schaumig aufschlagen. Die Pottasche und das Lebkuchengewürz dazugeben und **30 Sek. | Stufe 5** unterrühren.

4 | Gemahlene Mandeln, Haselnüsse, 50 g Walnüsse sowie Orangenabrieb in den geben, **1 Min. | Stufe 4,5** unter die Eimasse rühren. Mit einem Löffel oder Eisportionierer Kugeln auf das Backblech setzen und etwas platt drücken. Im heißen Ofen 20–25 Min. backen, auskühlen lassen.

5 | Schokolade im **10 Sek. | Stufe 7** hacken und anschließend **2 Min. | 50 °C | Stufe 2** schmelzen. Lebkuchen mit der Schokolade überziehen und mit Walnüssen bestreuen.

> **ERYTHRIT** Anstelle von Zucker oder Honig verwenden wir hier Erythrit. Der Zuckerersatz enthält kaum Kohlenhydrate und macht die Lebkuchen trotzdem herrlich süß!

4-Zutaten-Peanutbutter-Cookies

00 20 std : min

LOW CARB LOW FAT

PRO STÜCK: 133 KCAL | 7 G E | 11 G F | 4 G KH
ZUTATEN FÜR 24 STÜCK

- ★ **250 g Erdnussbutter, zuckerfrei**
- ★ **250 g Erdnussbutter mit Stückchen, zuckerfrei**
- ★ **350 g Erythrit**
- ★ **2 Eier**

1 | Backofen auf 180 °C Ober-/Unterhitze vorheizen. Zwei Bleche mit Backpapier auslegen.

2 | Erdnussbutter mit Erythrit in den geben und **30 Sek. | Stufe 5** verrühren. Die Eier hinzufügen und **40 Sek. | Stufe 5** unterrühren. Mit einem Teelöffel 24 Häufchen auf die Backbleche setzen, dabei ausreichend Platz lassen. Die Kekse im heißen Ofen 8–10 Min. backen.

> **ERDNUSSBUTTER** Fett ist beim Backen Geschmacksträger. Anstelle von gewöhnlicher Butter könnt ihr Nussbutter verwenden – sie enthält viele gute Fette und gibt den Cookies zudem eine besondere Konsistenz. Zuckerfreie Erdnussbutter könnt ihr mit dem Thermomix® ganz einfach selbst machen!

Erdnussbutter ohne Zucker

00 05 std : min

LOW CARB LOW FAT

PRO PORTION (30 G): 182 KCAL | 8 G E | 15 G F | 6 G KH
ZUTATEN FÜR 2 GLÄSER À 200 ML

Für cremige Erdnussbutter 400 g Erdnüsse in den geben und **30 Sek. | Stufe 8** zerkleinern. Mit dem nach unten schieben und den Vorgang wiederholen. 10 g Erdnussöl mit ¼ TL Meersalz in den geben, **2 Min. | 40 °C | Stufe 4** cremig rühren. In die Gläser umfüllen und kühl aufbewahren. Etwa 4 Wochen haltbar. Für stückige Erdnussbutter zu Beginn 50 g Erdnüsse **5 Sek. | Stufe 5** zerkleinern, beiseitestellen und zum Schluss unterrühren.

Basis REZEPT

Zimtsterne ohne Zucker

00 25 std : min

LOW CARB LOW FAT

PRO STÜCK: 64 KCAL | 2 G E | 5 G F | 6 G KH
ZZGL. 2 STD. RUHEZEIT
ZUTATEN FÜR 25 STÜCK

- ★ **125 g Xylit**
- ★ **100 g Haselnusskerne**
- ★ **100 g Mandelkerne**
- ★ **2 Eiweiß**
- ★ **1 Prise Salz**
- ★ **1 TL Zimtpulver**
- ★ **1 Messerspitze Nelkenpulver**

1 | Xylit in den geben, **15 Sek. | Stufe 10** pulverisieren und umfüllen. Die Haselnüsse mit den Mandeln in den geben, **10 Sek. | Stufe 8** mahlen und umfüllen. Den gründlich spülen. Rühraufsatz einsetzen.

2 | Eiweiße mit Salz im fettfreien **4 Min. | Stufe 4** steif schlagen, dabei nach und nach den pulverisierten Xylit einrieseln lassen. 3 EL Eischnee abnehmen und kalt stellen.

3 | Zimt, Nelkenpulver, gemahlene Haselnüsse und Mandeln mithilfe des unter den Eischnee heben. Falls der Teig zu klebrig ist, noch mehr gemahlene Haselnüsse und Mandeln hinzufügen.

4 | Den Teig zwischen zwei Lagen Backpapier fingerdick ausrollen und auf ein Backblech legen, etwa 2 Std. kalt stellen.

5 | Den Backofen auf 100 °C Ober-/Unterhitze vorheizen. Ein Blech mit Backpapier auslegen.

6 | Mit einem Sternausstecher aus dem Teig Kekse ausstechen. Mit restlichem Eiweiß bestreichen und im heißen Ofen auf mittlerer Schiene etwa 15 Min. backen.

> **NÜSSE** sind ein idealer Mehlersatz in der Low-Carb-Ernährung. Sie stecken voller guter Fette – und die braucht der Körper, um Energie zu gewinnen.

Fotos: Désirée Peikert für Bosch(2); Getty Images/iStock/Getty Images Plus/Akiromaru (1)

Zarte Schneeflocken

00 40 std : min

PRO STÜCK: 55 KCAL | 1 G E | 4 G F | 5 G KH

ZUTATEN FÜR 32 STÜCK

- ★ **120 g Xylit**
- ★ **4 Eiweiß**
- ★ **1 Prise Salz**
- ★ **2 EL Zitronensaft**
- ★ **50 g Quark**
- ★ **200 g Kokosraspel**

1 | Backofen auf 120 °C Ober-/Unterhitze vorheizen. Zwei Bleche mit Backpapier auslegen. Xylit in den geben, **20 Sek.** | **Stufe 10** pulverisieren und umfüllen. Den spülen.

2 | Den Rühraufsatz in den sauberen einsetzen. Eiweiße und Salz im **5 Min.** | **Stufe 4** zu Eischnee steif schlagen. Dabei nach und nach den pulverisierten Xylit durch die Deckelöffnung einrieseln lassen.

3 | Zitronensaft, Quark sowie Kokosraspel zugeben und **2 Min.** | **Stufe 4** unterrühren. Mithilfe von zwei Teelöffeln kleine Kokosberge auf die Bleche setzen. Im Ofen auf mittlerer Schiene ca. 20 Min. backen und anschließend auskühlen lassen.

>**XYLIT** Eiweiß, Kokosraspel und Zucker – das sind die drei Grundzutaten für Kokosmakronen. Unsere „Schneeflocken" werden statt mit Zucker mit Xylit, also Birkenzucker, zubereitet und enthalten deshalb kaum Kohlenhydrate! Ihr bekommt den Zuckerersatz meist im gut sortierten Supermarkt oder sogar in der Lebensmittelabteilung der Drogerie.

Leichtes Spritzgebäck

00 20 std : min

PRO STÜCK: 48 KCAL | 1 G E | 4 G F | 3 G KH

ZUTATEN FÜR 50 STÜCK

- ★ **120 g Xylit**
- ★ **100 g Mandelkerne**
- ★ **100 g Mandelmehl**
- ★ **1 EL Johannisbrotkernmehl**
- ★ **1 TL Vanilleextrakt**
- ★ **1 TL Backpulver**
- ★ **100 g Sahne**
- ★ **100 g weiche Butter**
- ★ **2 Eigelb**

1 | Backofen auf 160 °C Ober-/Unterhitze vorheizen. Zwei Bleche mit Backpapier auslegen. Den Xylit im **15 Sek.** | **Stufe 10** pulverisieren und umfüllen. Die Mandelkerne in den geben und **10 Sek.** | **Stufe 8** mahlen.

2 | Mandelmehl, Johannisbrotkernmehl, Vanilleextrakt, Backpulver und den Xylit zugeben, **10 Sek.** | **Stufe 4** vermischen. Sahne, Butter sowie Eigelbe zufügen und alles **3 Min.** | zu einem glatten Teig verkneten.

3 | Teig in einen Spritzbeutel mit großer Sterntülle füllen und Tupfen, S-Formen, Stangen und Kringel auf die Backbleche spritzen. Im heißen Ofen auf mittlerer Schiene nacheinander 8–10 Min. backen.

>**JOHANNISBROTKERNMEHL** kommt in diesem Rezept anstelle von Speisestärke zum Einsatz. Es ist kohlenhydratarm und kann zum Andicken und Binden verwendet werden. In diesem Rezept sorgt es dafür, dass der Teig selbst ohne Weizenmehl eine perfekte Konsistenz erhält. Ihr bekommt Johannisbrotkernmehl im gut sortierten Supermarkt.

Spitzbuben Low Carb

00 20 std : min

PRO STÜCK: 90 KCAL | 3 G E | 8 G F | 3 G KH

ZZGL. 1 STD. RUHEZEIT

ZUTATEN FÜR 30 STÜCK

- ★ **200 g Mandelmehl**
- ★ **80 g Kokosmehl**
- ★ **1 TL gemahlene Vanille**
- ★ **75 g Erythrit**
- ★ **1 Prise Salz**
- ★ **240 g kalte Butter, in Stücken**
- ★ **150 g rote Marmelade (Low Carb)**

1 | Mandelmehl, Kokosmehl, Vanille, Erythrit sowie Salz in den geben und **10 Sek.** | **Stufe 4** vermischen. Butter zufügen und **3 Min.** | zu einem glatten Teig verkneten. Zu einer Kugel formen, in Frischhaltefolie einwickeln und 1 Std. kalt stellen.

2 | Backofen auf 175 °C Ober-/Unterhitze vorheizen. Zwei Bleche mit Backpapier auslegen.

3 | Teig zwischen zwei Lagen Backpapier ausrollen und 60 runde Kekse ausstechen. Dabei bei der Hälfte in der Mitte ein Loch, Herz oder einen Stern ausstechen. Im heißen Ofen nacheinander 8–10 Min. backen und auskühlen lassen.

4 | Marmelade in einem Topf mit 1 EL Wasser erwärmen und glatt rühren. Die Hälfte der Kekse damit bestreichen und die Kekse mit ausgestochenem Loch daraufsetzen.

>**KOKOSMEHL** eignet sich perfekt zum Backen. Es ist kalorienarm und enthält im Gegensatz zu Weizenmehl kaum Kohlenhydrate. Außerdem überzeugt es mit dem natürlichen, leicht süßlichen Kokosgeschmack. Diesen muss man natürlich mögen. Wer ihn nicht mag, sollte zu einer Mehl-Alternative greifen.

Orangenplätzchen

00 30 std : min

PRO STÜCK: 36 KCAL | 3 G E | 2 G F | 3 G KH
ZUTATEN FÜR 20 STÜCK

- ★ 250 g Kichererbsen (Dose)
- ★ 1 Ei
- ★ 35 g Proteinpulver
- ★ 80 g Erythrit
- ★ 1 TL Backpulver
- ★ Abrieb von 1 unbehandelten Orange, zzgl. etwas mehr zum Dekorieren
- ★ 80 g Zartbitterschokolade, in Stücken

1 Backofen auf 180 °C Ober-/Unterhitze vorheizen. Ein Blech mit Backpapier auslegen.

2 Kichererbsen abgießen und gut abspülen. In den Mixtopf geben und **1 Min.** | **Stufe 5–9** ansteigend fein pürieren. Ei, Proteinpulver, Erythrit, Backpulver sowie Orangenabrieb zufügen und **2 Min.** | **Stufe 5** zu einem Teig verrühren.

3 Mit einem Löffel ca. 20 Häufchen auf das Backblech setzen, dabei etwas Abstand zwischen den einzelnen Keksen lassen. Im heißen Backofen 15–18 Min. backen und auskühlen lassen.

4 Schokolade im Mixtopf **7 Sek.** | **Stufe 8** zerkleinern und anschließend **2 Min.** | **50 °C** | **Stufe 2** schmelzen. In einen Gefrierbeutel füllen und eine kleine Ecke abschneiden. Die Schokolade in Streifen auf die Kekse spritzen und mit abgeriebener Orangenschale dekorieren.

>**KICHERERBSEN** Die Hülsenfrüchte sind zwar etwas üppig, was die Kohlenhydratbilanz angeht, aber sie punkten mit wichtigem Eiweiß und vielen Ballaststoffen.

Zuckerfreie Schokotaler

00 25 std : min

PRO STÜCK: 83 KCAL | 3 G E | 6 G F | 5 G KH
ZZGL. 1 STD. KÜHLZEIT
ZUTATEN FÜR 20 STÜCK

- ★ 160 g Zartbitterschokolade
- ★ 65 g Butter
- ★ 1 Ei
- ★ 90 g Erythrit
- ★ einige Tropfen Rumaroma
- ★ 65 g Mandelmehl
- ★ 25 g Kakaopulver
- ★ ¼ TL Natron

1 Schokolade im Mixtopf **6 Sek.** | **Stufe 7** zerkleinern. 60 g umfüllen und beiseitestellen. Butter zur übrigen Schokolade in den Mixtopf geben und **2 Min.** | **50 °C** | **Stufe 2** schmelzen. Anschließend umfüllen und etwas abkühlen lassen. Den Mixtopf spülen.

2 Ei mit Erythrit und Rumaroma in den Mixtopf geben, **1 Min.** | **Stufe 5** schaumig schlagen. Geschmolzene Schokolade zufügen und **20 Sek.** | **Stufe 5** unterrühren. Mandelmehl mit Kakaopulver und Natron mischen, ebenfalls in den Mixtopf geben und **1 Min.** | **Stufe 4,5** unterrühren. Restliche Schokolade mithilfe des Spatels unterheben. Anschließend den Teig mind. 1 Std. kalt stellen.

3 Backofen auf 180 °C Ober-/Unterhitze vorheizen. Ein Blech mit Backpapier auslegen. Mit einem Löffel Nocken aus dem Teig stechen und kleine Häufchen auf das Backblech setzen. Im heißen Ofen auf mittlerer Schiene 10–12 Min. backen.

>**SCHOKOLADE** Auch beim Low-Carb-Backen müsst ihr nicht auf Schokolade verzichten! Statt Vollmilchschokolade einfach hochwertige Zartbitterschokolade mit mindestens 70 % Kakaoanteil verwenden.

Haferflockenkekse

00 25 std : min

PRO STÜCK: 57 KCAL | 4 G E | 2 G F | 5 G KH
ZUTATEN FÜR 24 STÜCK

- ★ 200 g Magerquark
- ★ 2 Eier
- ★ 45 g Proteinpulver Vanille
- ★ 150 g Haferflocken
- ★ 45 g Kokosraspel
- ★ 1 TL Backpulver
- ★ 1 TL Zimtpulver

1 Backofen auf 180 °C Ober-/Unterhitze vorheizen. Ein Blech mit Backpapier auslegen.

2 Quark und Eier in den Mixtopf geben und **1 Min.** | **Stufe 4** verrühren. Proteinpulver zufügen, **2 Min.** | **Stufe 5** unterrühren. Haferflocken, Kokosraspel, Backpulver sowie Zimt zugeben und **1 Min.** | **Stufe 3** unterrühren. Den Teig zu 24 Kugeln formen, auf das Backblech geben und etwas flach drücken. Im Ofen auf mittlerer Schiene 12–15 Min. backen.

>**QUARK** Magerquark ersetzt in diesem Rezept die Butter. Dadurch reduziert ihr den Fettgehalt der Kekse und diese werden herrlich saftig!

Neue Zutaten bringen Schwung in die Backstufe!

RATGEBER

Low-Carb-Bäckerei, leicht gemacht

Mehl, Zucker und Co. könnt ihr in allen Backrezepten ersetzen. Wir verraten Tricks, wie ihr die Kohlenhydrate in eurem Gebäck reduziert

WAS IST LOW CARB?

Es bedeutet, ins Deutsche übersetzt, „wenig Kohlenhydrate". Das Prinzip ist einfach: Spart Kohlenhydrate, wo ihr könnt, und vermeidet stärke- und zuckerhaltige Lebensmittel. Stattdessen gebt dem Körper Eiweiß und gute Fette, aus denen er seine Energie ziehen kann.

JA ZU OBST!

In Obst steckt zwar Fruchtzucker, doch auch hier macht die Dosis den Unterschied. Braucht ihr nur wenig davon, könnt ihr quasi jedes Obst verwenden. Dennoch gibt es einige Sorten, mit denen ihr euer Low-Carb-Gebäck ohne schlechtes Gewissen verfeinern könnt:

Erdbeeren
Heidelbeeren
Himbeeren
Johannisbeeren
Limetten
Orangen
Sauerkirschen
Zitronen

WEISSMEHLALTERNATIVEN

- Erdnussmehl
- Haselnussmehl
- Kokosmehl
- Leinsamenmehl
- Linsenmehl
- Mandelmehl
- Walnussmehl
- Sojamehl
- Süßlupinenmehl
- Traubenkernmehl

Einige Mehle passen besser zu herzhaftem Gebäck, zum Beispiel Soja-, Linsen- oder Leinsamenmehl. Am besten einfach ausprobieren, was schmeckt!

NUSSMEHLE VERWENDEN

Nussmehle sind nicht einfach gemahlene Nüsse. Letztere haben einen deutlich höheren Fettgehalt und mehr Kalorien. Das Weizenmehl in eurem Rezept könnt ihr nicht 1 : 1 durch Nussmehl ersetzen, da diese mehr Feuchtigkeit binden. Achtet am besten auf die Packungsangabe. Wenn ihr zu gemahlenen Nüssen greift, könnt ihr damit bis zu 50 % des Weizenmehls austauschen.

ZUCKER SMART ERSETZEN

Wenn wir Haushaltszucker verwenden, schütten wir damit 100 % Kohlenhydrate in unseren Mixtopf. Das bedeutet aber nicht, dass ihr beim Low-Carb-Backen auf Süße verzichten müsst! Lasst lediglich die Zuckerpackung im Schrank und greift zu kohlenhydratfreien Alternativen. Die gibt es mittlerweile in jedem gut sortierten Supermarkt zu kaufen.

Erythrit
Erythrit ist ein chemisch gewonnener Zuckeralkohol (diese wirken nicht wie Trinkalkohole). Natürlicherweise kommt er zum Beispiel in Birnen oder Melonen vor und wird auch unter dem Namen Erythritol, Sukrin und Xucker Light angeboten. Erythrit hat nicht die gleiche Süßkraft wie Zucker (etwa 70 %), aber einen sehr ähnlichen Geschmack. Mit nur 20 kcal pro 100 Gramm ist Erythrit eine der wichtigsten Low-Carb-Zuckeralternativen. Achtung: In größerer Menge kann es abführend wirken.

Xylit (Birkenzucker)
Diese beliebte Zuckeralternative wird aus Pflanzenfasern gewonnen. Xylit enthält keine verwertbaren Kohlenhydrate. Er kann – wie auch Erythrit – Kristallzucker 1 : 1 beim Kochen und Backen ersetzen, was die Handhabung sehr einfach macht. Xylit schmeckt etwas neutraler als Erythrit, dafür ist er nicht ganz so gut verträglich. Vorteil: Er schützt sogar die Zähne.

Stevia
Dieser Austauschstoff wird in einem aufwendigen chemischen Verfahren aus der Stevia-Pflanze gewonnen. Er enthält fast keine Kalorien und Kohlenhydrate, wirkt sich nicht auf den Insulinspiegel aus und ist für Diabetiker geeignet. Aber: Er ist bis zu 300-mal süßer als Zucker, hat eine leicht bittere Note und ist daher nur sparsam einzusetzen. Bei Backwaren fehlt zudem häufig das Volumen des Zuckers.

GUTES FETT

Während in der Low-Carb-Ernährung Kohlenhydrate gemieden werden, sind gute Fette herzlich willkommen. Wir brauchen diese nämlich, damit unser Körper richtig funktioniert. Er benötigt sie beispielsweise für den Stoffwechsel und zur Energiegewinnung. Gewisse Vitamine (E, D, K, A) kann er nur mithilfe von Fett verwerten. Tierische Fette, wie Schmalz und Butter, sollten nur in Maßen verwendet werden. Greift beim Backen zum Beispiel zu diesen leckeren Alternativen:

- Apfelmus
- Erdnussbutter
- Joghurt
- Kokosöl
- Margarine
- Nussmus
- Quark
- reife Bananen
- Sonnenblumen- und Rapsöl

Bei eher flüssigen Teigen könnt ihr pro 100 g Butter 80 g flüssiges Öl verwenden. Nussmuse ersetzen die Butter komplett, gleichzeitig könnt ihr auch etwas Mehl weglassen. Das Gebäck wird dadurch etwas kompakter, aber auch saftig. Joghurt und Quark machen das Backergebnis ebenfalls saftig. Ersetzt hier nur einen Teil des Fettes. Margarine kann Butter in all euren Rezepten 1 : 1 ersetzen, auch bei Mürbeteig – ggf. wird der Teig dadurch etwas weicher.

EIWEISSPULVER BEIM BACKEN VERWENDEN

Eiweißpulver wird auch Proteinpulver genannt. Dieses Lebensmittel enthält kaum Fett oder Kohlenhydrate und wird deshalb gern zur Ergänzung in der Low-Carb-Ernährung verwendet.

Rund 50 g Mehl könnt ihr bei einem durchschnittlichen Backrezept durch Protein- bzw. Eiweißpulver ersetzen. Ein gutes Proteinpulver enthält keine unnötigen Zusatzstoffe, es besteht z. B. aus Milch- oder Molkeeiweiß, Hühnereiern, Reis, Erbsen, Kürbiskernen oder Soja.

Die zweite wichtige Zutat im Pulver ist Johannisbrotkernmehl – dieses bindet eure Backzutaten. Das macht normalerweise das Gluten in eurem herkömmlichen Mehl. Weitere Zutaten, die enthalten sein können, sorgen meist nur für zusätzlichen Geschmack oder Süße und sind daher nicht notwendig. Süßen könnt ihr euer Gebäck besser selbst mit unterschiedlichen Zuckeralternativen – welche es gibt, erfahrt ihr im Infokasten auf der linken Seite. Wenn ihr herzhaft backen wollt, greift zu einem neutralen, ungesüßten Pulver.

LOW CARB IST NICHT NO CARB! GÖNNT EUCH EIN WENIG VON ALLEM!

MANDELMEHL & MANDELMILCH

00 30 std : min

LOW CARB LOW FAT

PRO 50 G MANDELMEHL:
134 KCAL | 18 G E | 6 G F | 2 G KH
PRO 100 ML MANDELMILCH:
13 KCAL | 1 G E | 1 G F | 0 G KH

ZUTATEN FÜR 100 G MANDELMEHL UND 900 ML MANDELMILCH

Zuerst 200 g blanchierte Mandeln mit 900 g Wasser in den geben und **1 Min. | Stufe 10** pürieren. Mandelmilch durch ein Baumwolltuch abseihen, die Milch auffangen. Mandelmilch kalt stellen und nach Wunsch weiterverwenden. Danach den Trester im Backofen bei 80 °C Umluft etwa 25 Min. trocknen und abkühlen lassen. Im Anschluss in den geben und **10 Sek. | Stufe 8** mahlen. Kühl aufbewahren.

KLEINE SÜNDEN ERLAUBT!

Beim Backen von Low-Carb-Plätzchen gebt ihr meist auch einige Zutaten in den Mixtopf, die nicht unbedingt kohlenhydratarm sind – zum Beispiel Schokolade. Die Menge ist jedoch so gering, dass die fertigen Plätzchen dennoch als Low-Carb-Snack geeignet sind. Achtet unbedingt darauf, möglichst hochwertige Zutaten zu verwenden! Greift zu Zartbitterschokolade mit einem Kakaoanteil von mindestens 70 % anstatt zur ultrasüßen und stark gezuckerten Vollmilchschokolade.

Auch Getreide enthält viele Kohlenhydrate. In kleinen Mengen und als Vollkornprodukt sind gesunde Kohlenhydrat-Lieferanten erlaubt, zum Beispiel Haferflocken, Hülsenfrüchte und Pseudogetreide wie Quinoa.

Fotos: Archiv (2) | Illustrationen: Getty Images/myillo(1), Maike Hildebrandt (1), TopVectors (1), Archiv (3)

Driving home for Christmas?

Nein! Wir fahren um die ganze Welt! Denn an vielen Orten der Erde wird Weihnachten gefeiert. Jedes Land hat dabei seine eigenen Traditionen. Wir haben uns in die wärmenden Heißgetränke verliebt, die es inzwischen auch in unsere Küchen und in den Mixtopf geschafft haben. Kommt mit auf unsere Aromenreise!

Los geht's!

EGGNOG AUS ENGLAND

Eggnog ist eine Art **Eierpunsch**, die traditionell zu Weihnachten und vor allem in Großbritannien, aber auch in den USA und Kanada getrunken wird. Woher der Name kommt ist umstritten. „Nog“ wurde beispielsweise ein hölzernes Trinkgefäß in englischen Kneipen genannt. Es könnte aber auch von „noggin“, der Bezeichnung für ein starkes Bier, kommen.

Eggnog
Rezept auf Seite 162

DER BRINGT UNS DIREKT INS FESTLICHE LONDON!

Fotos: Sophia Handschuh (1); Getty Images/E+/oversnap (1) | Illustration: Gettyi iages/Tabitazn (2)

Weihnachts-Chai
Rezept auf Seite 162

CHAI-TEE AUS ASIEN

Chai, genauer gesagt Masala Chai, ist ein südasiatisches Heißgetränk aus Schwarztee, Milch, Zucker und Gewürzen. In seiner Heimat wird Chai **das ganze Jahr** über getrunken. Der herrliche Geschmack aus Zimt, Ingwer, Kardamom und Gewürznelken macht ihn aber zu einem perfekten Wintergetränk. Die Gewürzmischung könnt ihr mit dem Thermomix® selbst herstellen und daraus gleich eine Tasse Chai zubereiten oder ihr füllt die wertvolle Gewürzzubereitung ab und verschenkt sie!

Cranberry-Glögg
Rezept auf Seite 162

GLÖGG AUS SKANDINAVIEN

Ein heißer Gruß aus Skandinavien! Dort wird der **würzige Glühwein** in der Vorweihnachtszeit getrunken, traditionell serviert man süße Hefebrötchen mit Safran, genannt Lussekatter, und Pfefferkuchen dazu.

HIER KOMMT NORDISCHE GEMÜTLICHKEIT IN DIE TASSE!

Fotos: Getty Images/iSock/Getty Images Plus/Nikada (1), Westend61 (2), iSock/Getty Images Plus/mirceax (1)

Eggnog

00 | 15 std : min

PRO GLAS: 833 KCAL | 9 G E | 49 G F | 52 G KH
ZUTATEN FÜR 4 GLÄSER À 250 ML

- ★ **200 g Zucker**
- ★ **8 Eigelb**
- ★ **250 g Crème double**
- ★ **250 g Doppelkorn (alternativ Wodka)**
- ★ **1 TL Vanillepaste**
- ★ **nach Belieben etwas geschlagene Sahne zum Garnieren**
- ★ **etwas Zimtpulver, zum Bestreuen**
- ★ **4 Zimtstangen, zum Garnieren**

1 | Zucker in den Mixtopf geben und **20 Sek.** | **Stufe 10** pulverisieren. Eigelbe, Crème double, Doppelkorn sowie Vanillepaste zufügen und **8 Min.** | **70 °C** | **Stufe 4** erhitzen.

2 | Eggnog in Flaschen umfüllen und vor dem Servieren abkühlen lassen. In einem Cocktailglas mit Schlagsahne, Zimtpulver und Zimtstangen garniert servieren. Verschlossen im Kühlschrank gelagert hält sich das Getränk bis zu 4 Wochen.

>**TIPP** Vanillepaste könnt ihr ganz einfach selbst machen! Das Rezept dafür findet ihr auf Seite 65.

Weihnachts-Chai

00 | 20 std : min

PRO GLAS: 187 KCAL | 8 G E | 9 G F | 17 G KH
ZUTATEN FÜR 4 GLÄSER À 260 ML

- ★ **8 Gewürznelken**
- ★ **4 Kardamomkaspeln**
- ★ **1 TL Zimtpulver**
- ★ **2 Sternanise**
- ★ **1000 g Milch**
- ★ **2-3 cm Ingwer**
- ★ **2 Prisen frisch geriebene Muskatnuss**
- ★ **3 EL losen schwarzen Tee**
- ★ **20 g selbst gemachter Vanillezucker**
- ★ **4 Zimtstangen, zum Garnieren**

1 | Alle Gewürze, bis auf Ingwer und Muskatnuss, in einer Pfanne bei niedriger Hitze leicht anrösten, bis sie duften.

2 | Die Milch zusammen mit allen Gewürzen **10 Min.** | **80 °C** | Linkslauf | **Stufe 1** im Mixtopf erhitzen. Schwarzen Tee sowie Vanillezucker zugeben, mit dem Spatel umrühren und etwa 3–4 Min. ziehen lassen.

3 | Den Chai-Tee durch ein Sieb gießen und auf 4 Teegläser verteilen. Anschließend mit Zimtstangen garniert servieren.

>**TIPP** Wer mag, kann den Weihnachts-Chai mit aufgeschäumter Milch und mit Zimt bestreut servieren. Dafür einfach 200–250 g eiskalte Milch in den Mixtopf geben, **4 Min.** | **Stufe 4** aufschäumen. Für heißen Milchschaum anschließend **2 Min.** | **90 °C** | **Stufe 2** erhitzen.

Cranberry-Glögg

00 | 20 std : min

PRO GLAS: 425 KCAL | 2 G E | 3 G F | 39 G KH
ZZGL. 24 STD. RUHEZEIT
ZUTATEN FÜR 4 GLÄSER À 300 ML

- ★ **70 g Wodka**
- ★ **2 Zimtstangen**
- ★ **15 Gewürznelken**
- ★ **4 Sternanise**
- ★ **1 cm Ingwer**
- ★ **1 TL Kardamomkapseln**
- ★ **4 Stücke getrocknete Orangenschale**
- ★ **100 g Zucker**
- ★ **10 g selbst gemachter Vanillezucker**
- ★ **1000 g Rotwein**
- ★ **80 g Cranberrys**
- ★ **30 g Mandelkerne**
- ★ **4 getrocknete Orangenscheiben**
- ★ **4 Zuckerstangen**

1 | Wodka zusammen mit den Zimtstangen, Gewürznelken, Sternanisen, Ingwer, Kardamom sowie Orangenschalen in ein Vorratsglas geben und abgedeckt mindestens einen Tag ziehen lassen.

2 | Die Mischung zusammen mit dem Zucker, Vanillezucker und dem Rotwein im Mixtopf **15 Min.** | **70 °C** | Linkslauf | **Stufe 1,5** erhitzen.

3 | Die Gewürze absieben und den Glögg entweder sofort servieren oder abkühlen lassen, abfüllen und bei Bedarf wieder erwärmen. Cranberrys und Mandeln vor dem Servieren in die Tassen verteilen und mit dem Glögg übergießen. Mit je einer Orangenscheibe und Zuckerstange servieren.

>**TIPP** Bekommt ihr keine frischen Cranberrys könnt ihr stattdessen getrocknete Cranberrys oder nach Wunsch auch Rosinen verwenden!

Frohe Weihnachten!

mein ZauberTopf

JETZT GESCHENK-SET SCHNÜREN
Bücher, Leckereien und eine praktische Verpackung

LIEBE LESERIN, LIEBER LESER,

beginnst du auch schon im September mit den Weihnachtsvorbereitungen? Wir von **mein ZauberTopf** setzen jetzt schon mal Liköre an und kochen Marmeladen, backen Stollen und Früchtebrote, die mit einiger Ruhezeit noch besser werden. Ab Oktober geht's ans Plätzchen backen, damit wir an den Adventswochenenden genüsslich knuspern können.

In diesem neuen Weihnachts-SPEZIAL findest du festliche Ideen für Leckereien, die du selbst genießen oder verschenken kannst. Freu dich auf Rezepte für Pralinen, Miniküchlein und Aufstriche, schnelle „No-Bake-Plätzchen" und mehr, die dir die schönste Zeit des Jahres versüßen.

Mein Tipp: Ein Geschenk-Set schnüren!
Selbst gemixte Geschenke sind etwas ganz besonderes und bereiten immer Freude. Hausgemachte Leckerbissen, die du zu Weihnachten, aber auch zu anderen Gelegenheiten verschenken kannst, findest du in unserem neuen 260 Seiten starken Kochbuch „Einfach selbst gemixt. Geschenke aus dem Thermomix®". Verschenke dieses Jahr doch das Buch, zaubere dazu gleich ein Rezept daraus – zum Beispiel ein paar leckere Cookies – und verpacke diese in einem unserer wiederverwendbaren Silikon-Beutel in fröhlichem Türkis oder Rosa. Ich wünsche mir dieses Jahr übrigens noch den ThermiSpatel® für feste Teige in Lila. Ich hoffe, er steckt schon zum Nikolaus am 6. Dezember in meinem Stiefel ...

Hab eine wundervolle Vorweihnachtszeit und genieße den Advent mit **mein ZauberTopf** und deinem Thermomix®!

Vivien Koitka
Chefredakteurin **mein ZauberTopf**

BÜCHER, ZUBEHÖR, PRAKTISCHE AUFBEWAHRUNG UND MEHR: WWW.SHOP.ZAUBERTOPF.DE

HINWEIS Bei Thermomix®, TM5® und Varoma® handelt es sich um eingetragene Marken von Vorwerk. Es bestehen keine geschäftlichen Beziehungen zu Vorwerk. | Fotos: Archiv